먹다 남은 채소와 과일로 실천하는 제로 웨이스트 라이프

주방에서
시작하는 가드닝

NO - WASTE KITCHEN GARDENING

케이티 엘저 피터스 지음 | 박선주 옮김

지금이책

내가 여행 중일 때
나의 식물에게 물을 주고
동물을 돌보는
남편 조에게

NO-WASTE KITCHEN GARDENING
Copyright © 2018 Quarto Publishing Group USA Inc.
All rights reserved.

Korean translation copyright © 2021 by JIGEUMICHAEK
Korean translation rights arranged with Quarto Publishing Plc
through EYA (Eric Yang Agency).

이 책의 한국어판 저작권은 EYA (Eric Yang Agency)를 통해
Quarto Publishing Plc 사와 독점계약한 지금이책에 있습니다.
저작권법에 의하여 한국 내에서 보호를 받는 저작물이므로 무단전재 및 복제를 금합니다.

CONTENTS

머리말…4

CHAPTER1 주방에서 시작하는 가드닝: 원리와 방법…9

CHAPTER2 뿌리와 밑줄기로 식물 다시 기르기…29

CHAPTER3 줄기와 변형 줄기로 식물 다시 기르기…57

CHAPTER4 씨앗의 토양 재배와 수중 재배…73

CHAPTER5 식물 전초와 줄기 수중 재배…103

더 참고할 책들…124

찾아보기…125

감사의 말…127

사진 담당…127

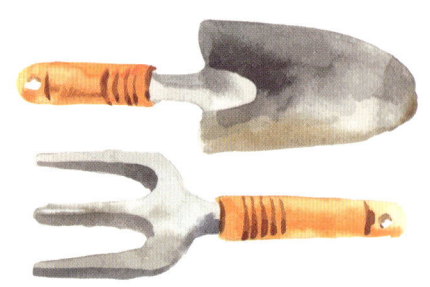

머리말

현대 문화는 서부개척 시대와 두 번의 세계대전을 겪으면서 절약과 재사용을 강조하는 생활방식에서 편의와 소비 지상주의를 추구하는 방식으로 변화해 그 결과 환경에 해로운 캔과 병, 플라스틱 봉지 등 다량의 쓰레기를 배출해 왔다.

그러나 몇 년 전부터 환경친화적 생활방식이 각광받기 시작했다. '제로 웨이스트' 라이프스타일을 향한 정치적, 사회적 캠페인이 이미 실천하고 있던 사람들의 대화에서 뿐만 아니라 일반인이 즐겨 읽는 잡지나 책, 정치적 논의에 등장하는 것에서 볼 수 있듯이 확실히 현대 생활에 중요한 이슈로 자리잡았다. 오늘날 환경에 관심이 많은 사람들은 최대한 효율성을 발휘해 쓰레기 배출을 일 년에 한 봉지 이하로 줄이고 있다. 그러나 이것은 대부분의 사람들이 실천하기엔 무리가 있어 보인다.

그럼에도 우리 대다수가 일상에서 물건을 재활용하고 재사용하며 다시 키워서 먹을 수 있는 채소나 과일을 찾는 일은 언제나 실천 가능하다. 이것이 이 책의 주제이다. '쓰레기 줄이기' 또는 '제로 웨이스트 라이프'는 일단 시작하면 일종의 게임, 그것도 손으로 만져지는 확실한 성과가 있는 게임이 될 수 있다. 나이를 불문하고 점점 더 많은 소비자들이 다양한 이유로 그리고 개인적 관점을 넘어 대의적 차원에서 제로 웨이스트 라이프를 시작하고 있다. 어떤 이들은 '친환경적' 입장과 지구를 보호해야 한다는 생각에서, 또 어떤 이들은 자급자족에 대한 필요성을 느끼고 만일의 경우를 대비하기 위한 자구책으로 이런 생활방식을 추구한다. 어떤 동기에서 시작하든 제로 웨이스트 라이프를 실천하는 실제적인 입문 방법은 아주 많다.

제로 웨이스트 라이프

제로 웨이스트 소비자는 언제나 쓰레기를 줄이고 물을 아끼며 집 안이나 정원에서 환경친화적으로 사는 방법을 추구한다. 환경친화적으로 사는 데는 다양한 방법이 있다. 먼저, 장을 볼 때 재사용 또는 재활용할 수 있는 용기에 든 상품을 찾아라. 가능하면 대량으로 구매하고 포장지가 없는 제품을 사라. 스스로 퇴비를 만들거나 마을의 '공동 퇴비화' 프로그램 같은 것을 확인해서, 마당에서 나오는 쓰레기(낙엽, 산가지, 잡초, 잔디)를 그냥 매립하지 마라.

창의성을 조금만 발휘하면 물을 절약하고 재사용하여 환경을 보호할 수 있는 아주 간단한 방법들을 많이 찾을 수 있다. 샤워할 때 물이 데워지기까지 기다리면서 그냥 흘려보내는 물을 모으면 약 20리터 정도의 물이 나온다. 그 물을 실내에서 키우는 화초에 물을 줄 때 사용할 수 있다. 파스타를 삶거나 채소 데친 물은 식힌 뒤에 실외 재배 식물에 물을 줄 때 사용하라.

가드닝은 흔히 '친환경' 활동이라 생각하지만 실제로는 쓰레기가 많이 배출되는 활동이다. 플라스틱 용기에 담긴 새로 사온 식물, 상업용 뿌리덮개(갓 심은 작물·나무를 보호하는 톱밥·퇴비·종이·비닐 등 — 옮긴이 주), 비료 등 모

당근이나 양파, 상추와 같은 많은 채소들은 쓰고 남은 조각으로 다시 기르기가 가능하다. 다시 기르면 시간과 돈을 절약하고 소소한 행복도 느낄 수 있다.

든 게 쓰레기의 원천이다. 제로 웨이스트 주방 가드닝의 제1 수칙은 마당에서 나오는 바이오매스biomass(깎아낸 풀)를 재사용하는 것이다. 해마다 쌓이는 잔가지에서부터 잡초까지 마당에서는 많은 유기 물질이 나온다. 그것들을 버리지 말고 잘게 썰어 뿌리덮개로 사용하라. 또는 퇴비로 쓰면 토질이 향상된다.

플라스틱 용기에 담긴 식물을 해마다 새로 사지 말고 집에서 직접 씨를 심어 키우는 방법을 배우라. 각자 자신이 키우는 식물을 가져와 다른 사람들과 서로 바꾸는 '식물 교환 모임'에 참여하라. 낡은 냄비, 요구르트 용기, 뚜껑이 사라진 플라스틱 용기 등 모든 것이 식물을 교환할 때 활용 가능하다. 뭐든 버리기 전에 재활용할 수 있는 방법을 생각하라. 서류 캐비닛, 낡은 수레, 가구 등 모든 것을 고풍스럽고 재미있는 화분으로 쓸 수 있다. 갖가지 낡은 도구들은 덩굴 식물을 위한 격자 구조물 또는 말뚝으로 사용할 수 있다.

마지막으로, 제로 웨이스트 라이프는 필요에 따라 직접 요리해 먹는 것뿐만 아니라 식재료 전부를 끝까지 다 활용하는 것을 의미한다.

과일이나 채소로 요리할 때 조금만 신경을 쓰면 그 찌꺼기로 상당히 많은 퇴비를 만들어 쓸

수 있다.

단 너무 서두르지 마라! 우리는 지금 제로 웨이스트 라이프의 종착역으로 다가가는 중이다. 우선 남은 식재료를 퇴비로 만드는 대신 다시 기르기를 할 수 있다. 제로 웨이스트 라이프의 최종 단계까지 가보자.

주방에서 시작하는 가드닝

이 책을 읽는 목적은, 남은 식재료를 퇴비로 만드는 대신 재사용하는 생활방식을 배우는 것이다. 실제로 이 책을 읽고 나면 당신은 마트나 농산물 마켓을 갈 때나 요리법을 볼 때 이전과는 다른 시각을 갖게 될 것이다. 이를테면 과일이나 채소를 고를 때마다 '이걸 다시 기르기 할 수 있을까?' 하는 생각을 먼저 할 것이다.

우리는 요리할 때 요리 이상의 용도로 더 사용할 수 있는 자투리 채소를 버리는 경우가 많다. 수프나 샐러드를 만들고 남은 채소를 퇴비 더미로 던져 버릴 수도 있지만, 주방 조리대나 마당 한 구석에서는 온전한 텃밭에서처럼 다시 기를 수 있다.

그렇게 하는 이유는 다음과 같다.

남은 채소를 왜 다시 길러야 하는가?

돈을 절약할 수 있다.
뭐든 다 다시 기를 수 있다면 정말로 식비를 줄일 수 있을까? 이것은 당신이 무엇을 먹고 어떤 것을 다시 기르기 하느냐에 달려 있다. 예를 들면, 양상추는 다시 기르기가 가능하다. 양상추 하나를 식품점에서 4달러(약 4,500원)에 사면 다시 기르기를 통해 최소한 하나를 더 얻을 수 있으니, 4달러를 절약할 수 있다. 신선한 허브는 음식에 향을 더해 주지만 값이 비싸다. 다행히 허브 식물은 마트에서 조금만 사오면 아주 쉽게 키울 수 있다.

신선한 식재료를 계속 얻을 수 있다.
식료품 저장실 같은 곳을 잘 마련해 두면 맛있는 저녁 식사 준비를 할 때 마트에 가지 않고도 언제든 필요한 재료를 가져다 쓸 수 있다. 아무튼 요리의 (대개 허브와 녹색 채소가 담당하는) 마지막 재료가 신선할 때, 그 맛은 배가 된다. 신선한 채소들을 주방 창가에서 키운다면 건조 허브나 채소로 마지막 장식을 할 필요가 없다.

음식물 쓰레기를 줄인다.
당신이 이미 퇴비를 만들고 있기를 바란다. 그렇지 않다면 챕터1에서 퇴비 만드는 방법을 쉽게 배울 수 있다. 제대로 배워 두면 음식물 쓰레기양을 줄일 수 있다. 게다가 토양을 양분이 풍부한

옥토로 개량할 수 있고 실외 텃밭의 뿌리덮개도 얻을 수 있다. 남은 식재료로 채소를 다시 기르고 퇴비를 만들면 음식물 찌꺼기를 버리지 않아도 되고 매립 쓰레기양도 최소한으로 줄일 수 있다.

자신이 먹을 식재료를 관리할 수 있다.
최근 음식을 통해 감염되는 질병들이 증가하고 있다. 일례로 예전에는 완벽히 안전한 식품이라 여겼던 상추 같은 채소를 통해서 대장균 감염이 일어난다. 이것은 보통 상업적 이유로 식품 생산 현장에서 살포되는 비료와 출하 과정 중에 발생하는 감염이 원인이다. 자신이 먹을 채소를 주방 또는 마당, 즉 당신이 관리할 수 있는 곳에서 직접 키워 먹으면 감염의 위험은 완전히 사라진다.

가드닝에 드는 돈을 절약할 수 있다.
어떤 채소들은 먹고 남은 부분을 텃밭에 옮겨 심으면 완전한 채소로 자라 수확이 가능하다. 이렇게 남은 채소를 많이 심으면 심을수록 봄에 심을 식물을 적게 사게 된다.

무엇보다 재미있다!
퇴비나 쓰레기통으로 들어갈 자투리 채소를 주방이나 마당에서 완전한 식물로 키우는 건, 노력한 만큼 완벽한 보상이 기다리고 있는 활동이다. 특별히 당근 밑동을 심어 자라는 모습을 지켜보길 권한다. 당근은 맛이 좋을 뿐만 아니라 보기에 예쁘기도 하다.

아이들을 참여시켜라.
이 책에서 시도하는 모든 프로젝트는 굉장히 쉽고 큰 성과가 보장되므로 아이들에게도 대단히 좋다. 아이들은 식물학과 가드닝을 동시에, 조금씩 경험하면서 자신이 먹는 음식이 어디서부터 나오는지 배울 수 있다. 아이들이 과학 프로젝트를 할 때 식물과 관련된 주제를 택한다면 무엇이든 큰 인기를 끌 것이다.

이 책 사용법

이 책 《주방에서 시작하는 가드닝》의 챕터1에서는 주방에서 쓰고 남은 재료로 식물을 다시 기르는 기본 원리와 실습을 다룬다. 식물의 각 부분과 식용 허브, 채소, 과일의 성장 주기를 이해하고, 쓰고 남은 부분을 다시 기르기 할 때 그 주기를 활용하는 방법을 배울 것이다. 이때 참고할 수 있는 좋은 자료를 제공한다. 수중 재배를 하는 뿌리채소에서부터 씨를 얻고 심어 모종을 얻고 옮겨 심기에 이르기까지, 번식 형태에 따른 다양한 식용 작물 재배 방법에 대해 자세히 정리해 두었다.

쉽고 재미있는 '주방 가드닝'이 당신을 부른다. 같이 시작해 볼까요?

CHAPTER 1

주방에서 시작하는 가드닝: 원리와 방법

식물은 굉장히 완벽한 생명체이다. 아주 작은 씨 안에 커다란 오크나무나 길쭉한 포도덩굴이 자라는 데 필요한 모든 것이 다 들어 있다. 어떤 식물은 잘게 썰어 물에 담가 두면 뿌리가 나온다. 또 어떤 식물은 자라서 꽃을 피우고 씨를 남기고 죽는다. 그리고 다음 해가 되어야 다시 싹을 틔우고 자란다. 이런 다년생 식물 중 어떤 것들은 수십 년을 살기도 한다. 반면에 수명이 짧은 한해살이 식물들은 눈 깜짝할 사이에 수명이 다 되어 단 한 번의 성장 시기만 거친 뒤 시들어 죽는다.

　주방에서 쓰고 남은 재료로 다시 기르기를 하려면 식물에 대한 기본 지식을 이해해야 한다. 채소에 따라서 우리가 먹는 부분이 씨가 될 수도 혹은 뿌리나 잎, 줄기, 변형 줄기가 될 수도 있다. 따라서 다시 기르기 할 부분이 어디인지, 식물의 성장 주기에서 어느 단계가 적당한지 알아야 한다. 그래야 다시 기르기 한 결과물을 예상할 수 있기 때문이다.

　이 책에서 다루지 못했지만 다시 기르기가 가능한 식물들은 무궁무진하다. 이 책의 목표는 잘 먹을 뿐만 아니라 즐겁게 키우는 것이므로 필자는 재배하기 쉽고 생산량이 많은 식물들에 집중하겠다. 대신에 이 장에서 주는 정보를 이해하면 책에서 다루지 않은 식물들도 다시 기르기 할 수 있는 토대를 얻어갈 수 있다.

식물의 각 부분: 싹은 심고, 잎은 먹기

제로 웨이스트 주방 가드닝을 배울 때 명심해야 할 아주 중요한 원칙이 하나 있다. 즉, 다시 기르기 하고자 하는 부분에 줄기 생장점이 반드시 있어야 한다는 것. 이른바 '생장점'은 식물 유형과 식물 내 각 부분에 따라 모양이 다양하다. 이 점에 대해서는 각 식물의 구조를 묘사할 때 더 자세히 설명할 것이다. 식물의 다시 기르기 가능 여부를 알 수 있는 열쇠는 줄기나 가지, 다시 말해 잎을 더 자라게 하고 결국에는 꽃을 더 피울 수 있는 부분을 찾는 것이다.

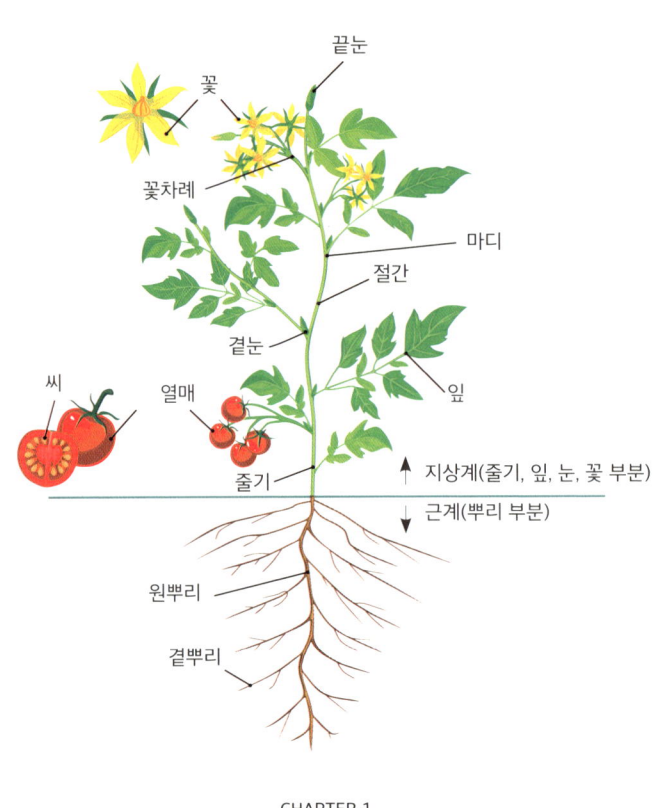

CHAPTER 1

뿌리

뿌리는 식물의 아랫부분으로, 식물 전체에서 쓸 양분과 물을 흡수한다. 뿌리 끝에 생장점들이 있어서 뿌리가 계속 자라게 하지만, 줄기의 생장점은 뿌리 어느 부분에나 있는 것은 아니다. 따라서 뿌리채소를 다시 기르려면 뿌리 상단을 건드리지 말아야 하고, 잎이 없더라도 최소한 상단은 자르지 말고 온전한 상태로 심어야 한다.

뿌리채소에는 다음과 같은 것들이 있다.

- 비트
- 당근
- 파스닙
- 래디시
- 스웨덴 순무
- 고구마
- 순무
- 참마

다시 기르기 좋은 채소들 중에 비트나 당근, 순무, 파스닙, 래디시 같은 뿌리채소들이 있다. 당근을 다시 기르기 하면 완전히 새 당근은 아니더라도 푸르고 맛있는 잎 정도는 얻을 수 있다.

고구마 한 알에서 다수의 덩이뿌리가 나온다.

우리가 먹는 뿌리 식물은, 크게 곧은뿌리와 덩이뿌리, 두 종류로 나뉜다. 당근과 순무, 래디시를 포함해 우리가 먹는 뿌리식물 대부분은 곧은뿌리 범주에 들어간다. 잎이 나오는 곧은뿌리 상단이 온전하다면 그것을 다시 기르기 해서 잎을 따 먹을 수 있지만 곧은뿌리 자체를 다시 기를 수는 없다.

고구마와 카사바 뿌리는 덩이뿌리 식물이다. 곧은뿌리 식물과 달리 덩이뿌리 식물은 덩이뿌리의 한 부분에서부터 완전한 식물을 키울 수 있다. 그 과정은 어렵지 않지만 여러 단계를 거쳐야 한다(챕터2 참고).

줄기

줄기는 보통 땅 위로 자라는 부분이지만 땅속으로 자라거나 반은 지상, 반은 지하로 자라는 변형 줄기도 있다. 줄기에는 뿌리와 달리 생장점이 있고, 새 가지를 틔울 수 있는 싹(눈)이 있다. 가지에서는 결국 꽃이 핀다(그리고 그 자리에 열매와 씨가 맺힌다). 줄기는 잎과 꽃, 씨, 열매 등 식물의 지상 부분을 지탱하는 조직이다. 이 부분들을 집합적으로 '지상계'라고 부른다.

나무의 몸통은 본질적으로 가지와 잎이 자라는 커다란 줄기이다. 이것이 우리가 먹는 것과 어떤 관련이 있을까? 먹는 부분에서 가지나 잎이 나오면 그 부분은 줄기이다. 작은 싹이 보인다면 그 부분도 줄기이다. 줄기 상단에 생장점이 있기 때문에 그곳에서부터 자라난다. 줄기 전체가 완전하지 않으면 싹이 보이지 않고, 더 자랄 수 없다.

줄기는 우리가 먹는 채소 중 가장 복잡한 부분이어서 매우 다양하고, 그 밑으로 많은 하위 조직이 있다.

줄기처럼 보이는 줄기채소에는 다음과 같은 것들이 있다.

- 골파(봄양파)
- 콜라비
- 리크

리크는 줄기 식물이다.

전체가 줄기처럼 보이는 줄기채소 또는 과일에는 다음과 같은 것들이 있다.

- 셀러리 (줄기는 셀러리 대 중앙에 있다.)
- 상추 (완벽한 상추 한 포기)
- 파인애플 (윗부분)

변형 줄기채소의 땅속 부분
흙을 파서 자세히 들어가 보면, 어떤 줄기들은 주로 땅속으로 자란다. 그렇다면 그 줄기를 뿌리와 어떻게 구별할 수 있을까? 땅속으로 자라는 줄기에는 싹 또는 눈이 있어서 새 줄기와 잎이 나올 수 있다. 땅속줄기의 종류에는 다음과 같은 것들이 있다.

- 덩이줄기는 두툼한 변형 줄기이다. 감자가 대표적인 예다. 감자의 '눈'은 사실 작은 곁눈이다.
- 뿌리줄기는 땅속에서 옆으로 자라는 변형 줄기이며, 줄기에 싹이 있다. 어느 정도 두툼하기는 하지만 감자만큼 살이 많지는 않다. 생강이 대표적인 뿌리줄기이다.
- 알뿌리는 땅속 변형 줄기의 또 다른 종류이다. 생장점이 알뿌리 안쪽에 깊이 묻혀 있고, '알뿌리 껍질'이라 불리는 변형 잎들에 둘러싸여 있다. 양파가 대표적인 알뿌리 줄기인데, 우리가 먹는 부분은 사실 변형된 잎이다.

잎

잎은 두 부분, 즉 잎새(우리가 일반적으로 '잎'이라 생각하는 부분)와, 이 잎새를 줄기와 연결하는 잎꼭지로 나뉜다.

잎은 홑잎과 겹잎, 두 종류가 있다. 홑잎은 하나의 잎새와 하나의 잎꼭지로 구성된다. 보통 잎꼭지와 줄기가 연결되는 부분에 싹이 난다. 그 부위를 '마디'라고 부른다. 겹잎은 줄기에 붙은 잎꼭지에 여러 개의 조각잎들이 붙어 있다. 토마토 잎이 겹잎이다.

대부분의 채소와 허브 잎은 나뭇잎과 생김새가 비슷하기 때문에 알아보기 쉽고, 식용이 가능하다. 어떤 채소 잎과 허브 잎은 잘리지 않은 온전한 상태로 살 수 있다(상추나 양배추를 생각하면 된다). 또 어떤 종류는 온전한 상태의 줄기로 살 수 있다(바질이나 고수 잎, 로즈메리 같은 신선한 허브). 잎채소를 쉽게 다시 기르려면 어떤 종류는 줄기째 붙여서 해야 한다.

흔한 잎채소

- 바질
- 양배추(보통 한 포기 또는 줄기째 파는)
- 꽃상추
- 고수
- 콜라드
- 딜

사진에 보이는 딜이나 상추, 이탈리안 파슬리 같은 잎채소들은 식용채소 중에서도 영양소가 매우 높다.

- 케일 (보통 잎을 여러 장씩 묶어 단으로 판다.)
- 상추 (낱장으로 풀린 상추 잎은 되심기 할 수 없다. 줄기 밑이 상하지 않고 줄기째 수확한 상추는 가능하다.)
- 근대 (외줄기는 대가 없는 잎이다.)
- 파슬리
- 로즈메리
- 시금치
- 타임(백리향)

흔한 잎줄기채소
유명한 셀러리와 대황은 사실 잎줄기(잎꼭지)이다. 우리가 먹는 '줄기'는 잎줄기이다. 이것들 역시 맨 아랫부분이 온전해야 되심기가 가능하다. 보통 줄기를 잘게 잘라 파는 대황은 되심기가 불가능하다. **명심해야 한다. 생장점이나 싹이 없는 것은 다시 기르기를 할 수 없다.**

주방에서 시작하는 가드닝: 원리와 방법

아티초크는 봉오리가 열리기 전에 먹는 꽃이다.

수확할 준비가 된 브로콜리. 브로콜리는 꽃이 피기 전에 따야 한다.

꽃

사람들은 자신들이 꽃을 얼마나 자주 먹는지 알게 되면 종종 놀란다. 가장 좋아하는 음식이 꽃 또는 두상화(작은 꽃들이 많이 모여 하나의 큰 머리 모양을 이룬 꽃), 꽃대인 사람들도 있을 것이다.

꽃은 식물에서 생식이 일어나는 부분이다. 줄기와 잎과 씨 사이, 즉 '중간에 끼어' 있다. 줄기에는 생장점이 있어 계속 자랄 수 있고, 씨에는 식물이 새로 나와 자라는 데 필요한 모든 것이 들어 있다. 꽃에는 생장점이나 씨 속의 물질이 없고, 꽃의 작은 세포들에는 뿌리를 내리거나 자라는 데 필요한 것도 없다. 다만 씨를 생산하게끔 되어 있다.

일단 식물이 꽃의 상태로 들어가면 꽃을 피우는 과정을 중단시키기 어렵다. 식용 꽃 대부분의 경우, 개화했다면 씨를 생산하도록 그냥 두든가 아니면 식물 부분을 퇴비로 쓰고 새로 시작할 수 있다.

이와 같은 이유 때문에, 줄기를(예를 들어 허브로부터) 심으려고 한다면 꽃이 피기 전에 잘라야 한다. 만일 개화가 시작된 바질의 가지를 심으면, 그 바질은 이미 꽃을 피우게끔 예정되어 있으므로, 잎을 키우기가 매우 힘들다. 맨 아랫부분을 잘라낸 브로콜리 줄기를 깨끗한 물에 담가두면 꼭대기의 작은 잎 부분이 열리고 꽃이 피지만 더 자라지는 않는다.

우리가 먹는 꽃들
- 아티초크
- 콜리플라워
- 브로콜리

열매와 씨

우리가 먹는 많은 '채소'가 사실은 열매이다. 식물학 용어로, 안에 씨가 들어 있는 조직은 다 열매이다. (씨는 또한 열매 위에도 있을 수 있고, 딸기의 씨처럼 열매 바깥쪽에 있을 수도 있다.)

우리가 흔히 먹은 열매와 씨
- 아보카도
- 바나나
- 콩(마른)
- 콩(껍질콩처럼 싱싱한)
- 블랙베리
- 칸탈루프
- 병아리콩
- 옥수수
- 오이
- 가지
- 녹두
- 오렌지
- 땅콩
- 완두콩
- 고추
- 튀김옥수수(폭립종옥수수)
- 산딸기
- 토마토
- 수박
- 주키니

아보카도는 열매이다.

열매 속의 씨들로 다시 기르기를 시도해볼 수 있다. 예를 들어, 사과 한 알을 반으로 쪼개 심을 수는 없지만 씨를 꺼내서 심을 수는 있다. 열매에서 꺼내 말린 씨는 바로 심을 수 있다. 마른 옥수수나 완두콩, 땅콩은 바로 심기 좋은 씨들이다. 으깬 씨는 완전히 발아하거나 제대로 자라지 못한다. 주키니는 씨가 마르기 전에 우리가 먹어 버리기 때문에 심을 수 없다. 바나나 역시 마찬가지다. 그러나 수박씨는 심을 수 있다.

요점은 이렇다. 의심이 들면 실험해 보라! 이것이 이 책 전체의 핵심이다. 가게에서 사온 특이한 과일 또는 채소 조각들을 거의 다 다시 기르기 할 수 있다는 사실에 틀림없이 놀랄 것이다. 그러기 위해서는 먼저 식물이 어떻게 성장하는지에 대한 지식이 조금 필요하다.

식물은 어떻게 자라는가

우리가 먹는 채소는 대부분이 꽃 식물인데, 모두가 공통적으로 기본적인 생활주기를 갖는다. 이 생활주기는 종류에 따라 조금씩 차이가 난다.

식물의 생활주기

1. 씨가 흙에 떨어지거나 씨를 심는다.
2. 씨에서 싹이 트고 자라, 잎이 난다.
3. 마침내 꽃이 핀다. 꽃이 핀 식물은 생식 단계에 있다. 이 단계에서는 모든 것이 씨를 생산할 준비를 한다.
4. 꽃이 벌어지고, 곤충이나 다른 동물들 또는 바람에 의해 수분이 된다.
5. 꽃의 기관(씨방)이 열매 쪽으로 불룩해지고, 씨들이 열매 안에 만들어진다.
6. 씨가 자라 흩어진다. 생활주기가 다시 시작된다.

식물 다시 기르기

"보이는 것이 언제나 다는 아니다."라는 격언이야말로 제로 웨이스트 주방 가드닝의 중심 주제이다. 종묘상에서 살 수 있는 모종이나 종자는 곧바로 땅이나 화분에 심을 수 있다. 기본적으로 식물 주기의 초기 단계에 심으면 간단하게 마칠 수 있다.

꽃의 씨방이 부풀어 열매가 된다. 주키니 꽃의 맨 아랫부분이 자라 주키니 열매가 되는 것을 볼 수 있다.

처음부터 심을 목적이 아니라 먹을 목적으로 구매한 채소의 남은 부분으로 다시 기르기 할 때는 이 과정이 조금 다르다. 최종 목표가 꼭 완전한 식물을 기르는 것이 아니라 식물의 생활주기를 기민하게 이용하는 것이 될 수 있다. 일례로, 제로 웨이스트 당근 기르기는 잎 부분을 키워서 완전한 새 당근이 아닌 푸른 잎을 활용하는 것이다. 마트에서 사 오는 당근은 새 뿌리가 나오는 시기를 이미 지나온 것이다. 제로 웨이스트 가드닝은 뿌리가 나오는 시기가 아닌 다른 단계를 활용한다.

식물의 번식 유형

식물에서 새 식물을 얻는 방법에는 여러 가지가 있다. 자연에서 식물들은 다음과 같이 번식한다.

- 꽃이나 열매를 만들어 씨를 퍼뜨린다.
- 뿌리가 뻗는다.
- 식물의 다른 부분이 자라 뿌리를 내리고, 새 식물로 성장한다.

이 마지막 방법을 '영양번식'이라 하며, 제로 웨이스트 주방 가드닝과 식물학자들이 주로 쓰는 방법이다.

비트를 살 때 윗부분이 잘리지 않고 그대로 있는 것으로 사면 다시 기르기 해서 푸른 잎을 키워, 샐러드나 튀김 요리를 해 먹을 수 있다.

어떤 식물의 밑동에 다른 식물의 윗부분을 접붙이면 열매가 많이 맺힌다. 신품종 과일나무(허니크리스프 애플과 같은)에서 잘라낸 가지를 질병에 저항력이 있는 뿌리줄기(신품종 사과)에 접붙이면 잘 자란다.

영양번식:
식물 전초 또는 식물의 부분 다시 기르기

어떤 식물은 일부를 흙이나 물에 그냥 꽂아 두기만 하면 스스로 뿌리를 내리기도 한다. 이것을 '영양번식'이라고 한다. 영양번식을 하는 구체적인 방법은 이미 이 책의 많은 부분에서 자세히 설명했다. 식물을 씨로 심는 대신 영양번식으로 다시 기르기 하면 다음 세 가지의 결과가 나올 수 있다.

- 완전한 새 식물로 자라난다. 감자와 양파, 생강 뿌리, 셀러리가 좋은 예이다.
- 그 식물이 계속 성장한다. 예를 들면, 상추 밑동(상하지 않은)을 물에 담가 두면 계속 자란다. 상추 잎을 더 따 먹을 수 있다.
- 완전히 다른 것이 자란다. 대체로 당근이나 순무, 래디시, 비트 같은 뿌리채소의 밑동을 다시 기르기 할 때 그렇다. 이런 뿌리채소는 주로 뿌리를 먹으려고 사는데, 먹고 남은 밑동을 다시 기르기 하면 푸른 잎을 계속 따 먹을 수 있다.

우리가 먹는 식용 식물은 많은 경우 영양번식된 줄기에서 나온다. 다시 말해 식물의 (잘라낸) 일부를 취해 뿌리 내리게 하거나(심거나) 접붙인다(다른 지지 식물과 함께 자라게 한다). 특히 사과와 같은 흔한 과일들이 대체로 이런 방식으로 자란다. 그래니스미스 애플을 먹고 나서 씨를 심으면 새 그래니스미스 애플을 얻을 가능성은 없다. 감귤나무는 이런 방식으로 하면 대부분의 경우 잘 자란다. 오렌지 씨를 심으면 어떤 열매가 나올지 알 수 없다. (감귤류는 굉장히 복잡한 잡종이고 많은 경우 영양번식을 한다. 감귤류 나무는 아주 흥미롭다!)

연장 및 준비물

이제 제로 웨이스트 주방 가드닝을 시작하기 위한 기본 상식을 알았으니, 좋아하는 과일과 채소를 다시 기르는 데 필요한 물품들을 준비해보도록 하자.

제로 웨이스트 주방 가드닝의 정신은, 용기를 재활용 혹은 재사용하여 작은 공간에서 식물을 키우며 씨를 얻고 식물을 증식하는 것이다. 그 다음, 다시 기르기 한 것을 친구나 이웃에게 아낌없이 나누는 것이다.

이 책은 종합적인 가드닝 책은 아니다. 따라서 이 챕터에서는 다시 기르기에 적용할 수 있는 가드닝의 가장 중요한 특징만 포함시켰다. 이미 사용하고 남은 재료들을 알뜰하게 더 사용하는 방법에 중점을 두었다. 사계절에 걸쳐서 장기간 실내와 실외 가드닝 활동에 필요한 도구와 기술을 포함한 자세한 설명을 원한다면 또 다른 많은 책들의 도움을 받으면 된다. ('더 참고할 책들'에 필자가 좋아하는 몇 권을 소개했다.)

채소와 과일 다시 기르기는 무엇보다도 과학 실험과 비슷하다. 과학자처럼 간단한 도구 몇 개만 있으면 다시 기르기 할 준비가 다 된 것이다.

용기

수중 재배로 다시 기르기를 하려면 쟁반과 컵, 작은 그릇, 서로 다른 크기의 통조림통, 입구가 넓은 화병 한두 개를 모아라.

작은 식물을 흙에 심어 다시 기르기를 하려면 배수구멍이 있는 화분과 용기들을 수집하라. 다시 기르기 할 식물에 따라 지름이 약 10센티미터에서 60센티미터 사이의 화분이 필요하다. 빠지는 물을 담고 버릴 때 쓸 쟁반과 용기를 덮는 반구형 덮개가 있으면 유용하다. 한 번에 많은 씨를 발아시키려면 평평한 묘판이나 화분에 맞는 물받이판이 좋다. 필자는 콩이나 향신료 등의 씨를 발아시킬 때는 언제나 뚜껑이 있는 일회용 플라스틱 용기나 코티지치즈 용기를 사용한다.

화분용 영양토

일반적으로 다시 기르기용으로 균이 없는 무토양 혼합 상토를 추천한다. 이 영양토에는 식물을 부패시키는 세균이나 곰팡이가 없다.

연장

다시 기르기를 하려면 몇 가지 도구가 필요한데, 그것들이 없으면 손으로 힘겹게 해야 한다. 식물의 상단과 끝을 자를 때 쓸 잘 드는 칼과 식물이 자랄 때 쓸 전지용 가위, 물뿌리개, 분무기, 종자를 씻을 때 쓸 가는 체는 꼭 있어야 한다. 단단한 씨를 다시 기르기 할 계획이라면 호두 까는 기구도 목록에 추가하라.

실외에서 키운다면, 땅에 심을 때 쓰는 흙손이나 호미, 땅을 일굴 때 쓸 네발 쇠스랑(경작기)도 필요하다. 넓은 야외 밭에 물을 줄 때 호스와 수압 조절장치가 있으면 일을 빨리 끝낼 수 있다.

그 외 잡다한 도구들

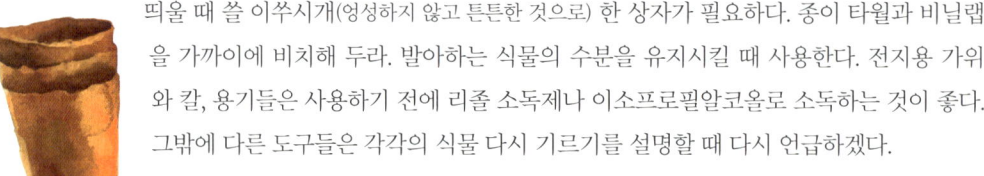

정기적으로 사용하고 다시 보충해 두어야 하는 도구들이 한두 개 더 있다. 채소와 물속의 씨를 띄울 때 쓸 이쑤시개(엉성하지 않고 튼튼한 것으로) 한 상자가 필요하다. 종이 타월과 비닐랩을 가까이에 비치해 두라. 발아하는 식물의 수분을 유지시킬 때 사용한다. 전지용 가위와 칼, 용기들은 사용하기 전에 리졸 소독제나 이소프로필알코올로 소독하는 것이 좋다. 그밖에 다른 도구들은 각각의 식물 다시 기르기를 설명할 때 다시 언급하겠다.

다시 기르기 방법

이제부터는 다시 기르기 할 식물의 부분과 관련 기법에 대해 이야기하려고 한다. 다시 기르기 하고 싶은 특정한 식물이 있다면 '찾아보기'를 참고하라. 다만 식물마다 다시 기르는 방법은 하나 이상일 수 있다는 사실을 알아야 한다. 맛보기로 다음 챕터에서 설명할 내용을 간단히 정리했다.

뿌리와 땅속줄기 흙에서 다시 기르기

뿌리와 땅속줄기를 흙에서 다시 기르기 할 때는 식물 부를 잘라 흙에 심고 물을 준 다음 자라는 것을 지켜본다. 아주 간단하다! 성장 결과는 식물의 종류에 따라 다르지만 이 과정은 아주 쉽고 재미있다.

줄기와 변형 줄기 흙에서 다시 기르기

흙에서 줄기와 변형 줄기 다시 기르기는 뿌리와 땅속줄기 다시 기르기와 흡사한데, 다만 언제나 다시 기르는 상단부(줄기)에 뿌리 부분이 붙어 있어야 한다. 이 또한 결과가 매우 다양하다.

줄기와 식물 전초를 물에서 다시 기르기

줄기와 식물 전초를 물에서 다시 기르기 하는 것은 물병에 줄기를 꽂고 잘라주는 일만큼 간단할 수 있다. 다시 기르기 한 결과에 따라 다음에 무엇을 할 것인지와 수확을 연장시키는 방법에 따라 조금씩 차이가 있다. 수확을 연장시키는 방법은 보통 식물 부를 흙에 옮겨 심어 계속 키우는 것이다.

발아 테스트하는 방법

마당에 씨를 다량으로 심기 전에 씨 몇 알을 가지고 싹이 잘 트는지 발아 테스트를 해보라.

준비물:

씨와 종이 타월, 뚜껑이 있는 플라스틱 용기(또는 지퍼백)가 필요하다.

1. 종이 타월 3장에 물을 적신다.
2. 타월을 겹쳐서 플라스틱 용기 바닥에 까는데, 이때 타월의 반은 용기 입구에 걸친다.
3. 젖은 타월에 테스트 하려는 씨를 종류별로 3개씩 놓는다.
4. 걸쳐 놓은 종이 타월 반으로 씨를 덮는다.
5. 용기의 뚜껑을 덮는다.
6. 용기를 따뜻하고 어두운 곳에 4~6일 정도 둔다. (주방의 찬장이 이 조건에 잘 맞는다.)
7. 어느 씨가 먼저 발아하는지 확인한다. 그 씨를 실외에 심으면 된다.

씨 기르기

'다시 기르기'를 떠올릴 때, 씨는 생각하지 못할 수 있다. 하지만 씨를 심어 키우는 것 역시 제로 웨이스트 주방 가드닝 정신에 잘 들어맞는다. 식재료 중에서 씨를 몇 알 남길 수 있는데, 겨울호박이 그 한 예다. 때로는 향신료 씨앗 몇 알을 발아시키고 옥수수 알 몇 개로 실험할 수도 있다. 다시 기르기 할 씨 전부를 흙에 심는다. 단, 이때 아보카도는 예외적으로 처음에는 물에서 키운다. 때로는 씨 전부를 싹 틔우기 전에, 몇 알만 발아 테스트를 하는 게 도움이 된다(앞쪽의 설명을 보라).

앞에 언급한 모든 '재배 기법들'은 각각의 채소나 열매 다시 기르기의 첫 번째 또는 주요 단계와 관련이 깊다. 많은 경우, 오랫동안 수확하려면 실외나 더 큰 용기에 옮겨 심어야 한다. 각각의 식물을 다룰 때 이에 대해 자세히 설명하겠다.

재배 장소: 실내 또는 실외

실내든 실외든 주방의 한 구석에서 식물을 다시 기르는 데 도움이 되는, 주방 가드닝에 대한 기본 정보 몇 가지를 살펴보겠다.

식용 식물 재배의 기초 지식

흙: 실내에서 식물을 다시 기르기 하려면 혼합 상토를 사용하는 것이 좋다. 실외에서 키우려면 토양의 산도를 측정해 고 알칼리성(pH 8 이상)이나 고 산성(pH 5.5이하)이 아닌지 확인해야 한다(pH: 페하. 용액의 수소 이온 농도지수. 0에서 14까지 있으며 7미만은 산성, 7 이상은 알칼리성 — 옮긴이 주). 산도 측정 키트는 가드닝 용품점에서 살 수 있는데, 사용법이 어렵지 않다. 실외에서 식물을 키울 계획이라면 흙에 퇴비를 뿌리는 것이 좋다. 퇴비와 관련된 내용은 다음 장에서 자세히 다루겠다. 또한 흙은 약 7.5~15센티미터 깊이로 일궈야 작물을 심기에 좋다. 갈퀴나 쇠스랑을 사용해 흙을 고른다.

빛: 실외에서 자라는 모든 식용 식물은 해가 잘 드는 곳에서 잘 자란다. 서늘한 기후에서 자라는 식물은 날씨가 따뜻해지면 그늘로 옮긴다. 식물을 실내에서 키운다면 좀 더 오랫동안 더 맛있는 채소를 수확할 수 있도록 작은 식물을 위한 생장촉진 램프를 준비하는 것도 좋다. 작은 테이블용 램프도 있고, 책꽂이처럼 선반 밑에 램프가 있어 그 아래에 놓은 식물에 빛을 비추는 것도 있다. 아직 식물 램프를 살 생각이 없다면 집안에서 해가 가장 잘 드는 곳에 식물을 놓아라.

물: 대부분의 식물은 지속적으로 수분을 공급받아야 한다. 실외든 실내든 흙은 약간 촉촉해야 한

다. 습도를 어느 정도로 유지하려면 생각보다 자주 물을 줘야 할 수도 있다.

양분: 흙이나 물에 꺾꽂이 가지를 다시 기르기 해서 소량만 수확할 생각이라면 비료를 줄 필요는 없다. 실외에서 사계절 작물을 키운다면 반드시 비료를 줘야 한다. 비료와 관련된 내용은 개별 식물을 다루는 부분에서 설명하겠다.

실외에서 키우기 또는 실내에서 키우기

이 책에 실내용 식물과 실외용 식물에 대한 설명을 고르게 나눠 담았다. 현실적으로 어떤 식물은 수확을 목적으로 실내에서 키우기에는 너무 클 수 있다. 실내에 가드닝 전용으로 사용할 수 있는 일광욕실이 있다면 호박덩굴, 땅콩, 감자, 고구마 정글을 만들 수도 있다. 넓은 지하실에 전기를 마음껏 쓸 수 있다면 식물 생장촉진 램프를 설치하고 원하는 모든 식용 식물을 키울 수 있다.

그러나 대부분의 경우 퇴비를 만들고 접붙이고 실외에 옮겨 심을 때 또는 씨를 직접 실외에 심을 때가 되기 전까지만 실내 정원을 이용할 수 있다. 식물의 특성에 따른 최선의 재배 과정과 재미는 각 식물 파트에서 자세히 설명하겠다.

끝(이자 시작) : 퇴비 만들기

마침내 식물 상식의 종착역에 도착했다. 남은 채소로 다시 기르기를 여러 번 반복하다 보면 결국 쓸모없는 부분이 나온다. 상추가 웃자라고, 비트에서 푸른 잎이 더는 자라지 않는다. 그러면 어떻게 하는 게 좋을까? 퇴비를 만들면 된다!

퇴비는 토양에 금과 같고, 텃밭의 거의 모든 문제를 해결하는 강력한 접착테이프 같은 존재이다. 흙의 물이 너무 빨리 빠지는가? 퇴비를 주어 수분을 머금게 하라. 흙이 너무 차서서 물이 잘 안 빠지는가? 퇴비를 주어 흙이 덜 차지게 하라. 토양의 이로운 양분이 자연적으로 채워지는 속도보다 빠르게 빗물에 씻겨 내려가는가? 퇴비를 주어 흙의 양분을 유지시켜라. 어떤 지역의 토양은 비료를 줘도 비료가 그냥 빠져 나가므로 퇴비를 먼저 줘야 하는 경우도 있다.

퇴비는 간단히 말해, 자연적으로 발생한 미생물에 의해 분해된 유기물이다(채소 껍질, 먹고 남은 순무, 달걀 껍데기, 커피 찌꺼기, 잘게 조각낸 잎, 잘라낸 풀, 신문지 등). 미생물들에 의해 성분이 분해 또는 소화되었기 때문에 영양분이 계속 남아 있다. 흙에 퇴비를 더하면 식물에 유익하지만 생 당근 껍질을 한 움큼 더하는 것은 그렇지 않다. 퇴비는 식물들이 사용할 수 있는 형태로 양분을 주는 것이다. 또한 흙에 이미 존재하는 미생물들이 건강해지고, 낙엽이나 잔가지 등 텃밭에 있는 물질들이 자연적으로 분해되게 돕는다. 텃밭에 있는 모든 것은 서로 연결되어 있는데, 식물의 작은 부분만 다시 기를 때 의외로 이 점을 간과하기 쉽다.

퇴비 통을 하나 사거나 직접 만들어라.

주방의 퇴비 용기

음식물 쓰레기를 확실하게 줄이고 싶다면, 퇴비 더미로 가기 전까지 그것들을 모아둘 편리한 방법을 알고 있어야 한다. 싱크대 밑에 20리터짜리 들통을 놓으면 아주 좋다. 신문지를 깔고 음식물 찌꺼기를 더할 때마다 잘게 찢은 신문지들로 한 겹씩 덮어라. 통을 자주 비우지 않을 땐 숯을 간간이 섞어 냄새를 가라앉히면 좋다.

    주방에 놓을 퇴비 용기를 구매해도 된다. 뚜껑이 있고, 세라믹이나 금속 재질의 용기가 흔하다. 공기 구멍이나 숯 필터가 있어 냄새를 줄여 주는 제품들도 있다. 비싸지도 않고 크기가 그리 크지도 않다. 음식물 쓰레기 배출량에 따라 맞는 것을 선택하면 된다.

    이제 기초 지식을 배웠으니 '다시 기르기'를 자신 있게 시작해 보자!

CHAPTER 2

뿌리와 밑줄기로 식물 다시 기르기

선별 식물

- 감자
- 생강
- 강황
- 고구마
- 당근
- 비트
- 순무
- 래디시

주방 한 켠 바닥에 감자를 오래 두면 감자에 싹이 난다는 사실을 아는가? 그렇다고 퇴비 더미에 던져 버릴 필요는 없다. 싹이 난 감자를 잘라서 새 감자로 키워 수확할 수 있다. 감자 옆에서 쪼글쪼글해진 당근들은 어떻게 할까? 그것 또한 다시 기르기 할 수 있다. 당근을 새로 살 필요가 없다. 당근 윗면에서 나오는 잎은 수프나 샐러드에 사용할 수 있다. 덤으로, 당근 잎이 자라는 모습을 보는 것은 정말로 재미있다!

땅속에서 자라는 식물이 모두 '뿌리'인 것은 아니다. 어떤 것은 진짜 곧은뿌리(당근 같은 것)이고, 다른 것은 덩이뿌리(고구마 같은 것)이며, 또 어떤 것은 덩이줄기(감자 같은 것)이다. 이것들은 전부 다 땅속에서 자란다. 그렇다면 이들 사이의 다른 점은 정확히 무엇일까?

뿌리와 줄기의 가장 큰 차이점은 덩이줄기는 식물의 다양한 지점에 눈 또는 싹이 있는 반면 곧은뿌리와 덩이뿌리는 오직 뿌리 상단에만 싹 또는 줄기 부분이 있다는 것이다. 감자와 당근을 비교해보면 이런 차이를 명확히 볼 수 있다. 이런 차이를 아는 것은 다시 기르기 할 때 매우 중요하다. 식물을 다시 기를 때는 언제나 '눈' 또는 생장점이 있는지, 그리고 그 부분이 어느 지점에 있는지를 확인해야 한다. 그렇지 않으면 영원히 싹이 나지 않을 감자를 땅에 묻어 썩히는 셈이 된다. 그러면 '다시 기르기'가 아니라 '퇴비 만들기'가 된다.

고구마 조각 심기. 51쪽의 설명을 보라.

당근

당근을 다시 기르기 하면 주황색 뿌리가 아니라 초록 잎 부분을 수확할 수 있다. 그 잎에 마늘을 약간 넣고 삶아 샐러드로 또는 수프로 먹을 수 있다. 당근은 두해살이 뿌리채소이므로 첫해에만 곧은뿌리가 나온다. 시장에서 판매하는 당근은 이미 두 해째 된 것이므로 뿌리 부분이 다시 자라지는 않는다. 뿌리를 수확하지 않고 땅에 그대로 놔두면 결국 꽃자루가 올라오고 씨를 얻을 수 있다.

윗부분을 잘라낸 당근은 다시 기르기를 할 수 없다. 따라서 다시 기르기를 하려면 시장이나 마트에서 당근을 살 때 몇 가지를 살펴봐야 한다. 먼저 잎이 손상되지 않은 당근이 가장 좋다. 그러나 잎이 있는 당근을 찾기 어렵다면 윗부분에 갈색이나 검은 부분이 있는 당근을 골라라. 그곳이 남은 줄기 부분이다. 윗부분이 깔끔하게 잘려 나가 완벽히 주황색 당근이라면 다시 기르기를 할 수 없다.

당근 다시 기르기 방법

잘 드는 칼 하나와 지름이 최소 15센티미터 이상 되는 화분, 무토양 혼합 상토, 물뿌리개가 필요하다.

1. 당근 윗부분이 약 2.5센티미터 정도만 남게 자른다. 잎이 남아 있다면 잘라 내어도 되지만, 당근의 윗부분이 상하지 않도록 조심해야 한다. (잎이 남아 있다면 더 많은 잎이 올라오지 않는다.) [a]
2. 당근이 썩지 않도록 무균 또는 세균이나 곰팡이가 거의 없는 무토양 혼합 상토를 화분에 넣어라. 아주 약간만 촉촉해지도록 물을 뿌려라.
3. 잘라 놓은 당근들을 윗부분이 위로 향하도록 혼합 상토에 심는데, 반 정도만 흙에 파묻는다. [b]
4. 화분을 볕이 잘 드는 밝은 곳에 두라. 혼합 상토를 촉촉하게 유지하되 물이 질척거릴 정도로 많이 뿌리지는 마라.

재미난 사실

당근은 딜, 회향, 파스닙, 셀러리, 고수와 마찬가지로 파슬리과 채소이다. 야생 당근 또한 파슬리과에 속하는데, 파슬리과 채소들의 꽃을 보면 모습이 다 비슷해서 쉽게 선별할 수 있다. 이 식물들은 짧은 꽃대 끝에 평평한 모양의 작은 꽃들이 송이처럼 다수 모여 있는 게 특징이다. 이런 유형의 꽃을 '산형화'라 부른다. 꽃 머리의 방향을 아래로 돌리면 우산 또는 산 같은 모양을 띤다! 이처럼 꽃 모양이 '산' 또는 '갓'의 모양과 같다는 뜻에서 '산형화'라는 이름이 붙었다.

운이 좋으면 당근 윗부분에서 꽃이 핀다. 당근 꽃은 보기에 예쁠 뿐만 아니라 씨도 생산한다.

재배 팁

당근은 서늘한 기후를 좋아한다. 밖에서 키우려면 봄 중순이나 가을 중순에 심어야 한다.

수확하고 계속 재배하기!

초록 잎이 자라서 그것을 수확하는 동안에는 토양을 촉촉하게 유지해야 한다. 일주일 안에 윗부분에서 싹이 나오지만 먹을 수 있을 정도로 자라기까지 한두 주가 더 걸린다. 그 후에 필요한 만큼 잎을 잘라 먹으면 된다.

 당근 윗부분에서 자라는 푸른 잎은 샐러드나 수프, 샌드위치를 만들 때 파슬리 대신 사용하면 아주 맛이 좋다. 꽤 오래 이 잎을 따 먹을 수 있다. 꽃자루가 올라오면 보기에도 아주 예쁘다. 꽃이 피면 씨는 심고 나머지는 퇴비로 만들 수 있다. 만약 화분에서 키우는데 꽃이 피지 않으면 당근 윗부분을 실외의 볕이 잘 드는 곳에 심으면 된다. 물을 잘 주고 꽃자루가 올라오는지 잘 살펴라. 운이 좋으면 꽃자루가 한두 대 올라오고 씨도 얻을 수 있을 것이다. 씨는 서늘하고 건조한 곳에 잘 두면 3년까지 보관할 수 있다. (경험상 온도는 18℃, 습도는 50%가 좋다.)

식물 전체를 땅속에서 캐낸 다음 작은 조각 몇 개만 다시 심을 수 있다.

생강

식용 생강 뿌리는 비싸다. 그러니 처음 한 번만 사고, 그다음에는 스스로 키워 먹으면 어떨까? 생강 뿌리는 여름에는 실외에서, 겨울에는 실내에서 키울 수 있는 열대 식물이다(기온이 18℃ 이상이어야 하고 20~30℃에서 잘 자라며, 15℃ 이하에서는 자라지 못한다). 생강은 수프나 카레 요리, 스튜에 풍미를 더해 준다. 차로 끓여 마실 수도 있다.

생강에서 우리가 먹는 부분은 '뿌리줄기' 또는 땅속줄기이다. 생장점 또는 눈이 있는 부분을 쉽게 어디에서나 구입할 수 있다. 생강을 다시 기르기 할 계획이라면 구입할 때 감자와 마찬가지로 유기농 제품이나 방부 처리를 안 한 제품을 골라라. 상점에 진열되어 있는 생강에 눈이 약간 자라고 있다면 재발아하기에 최상의 것이라 할 수 있다. 이런 생강이 제로 웨이스트 가드닝 용으로 제격이다.

생강 다시 기르기 방법

잘 드는 칼과 지름이 15~30센티미터 정도의 화분, 무토양 혼합 상토, 물뿌리개가 필요하다.

1. 눈이 있는 생강 뿌리를 2.5센티미터 크기가 되게 손으로 또는 칼로 자른다. 자른 조각들을 심기 전에 하루 또는 이틀 간 말린다. 이 과정이 매우 중요하다. 갓 자른 상태라면 세균과 곰팡이가 생기기 쉽고, 그것들이 식물에 침투하면 생강 조각이 자라기 전에 썩어 버리기 때문이다. 그렇다고 이틀 이상 놔두면 안 된다. 완전히 말라 버려 잘 자라지 않기 때문이다. ⓐ
2. 무토양 혼합 상토를 화분에 쏟는다. 무토양 혼합 상토여야 생강을 썩게 만드는 균이나 곰팡이가 없다. 혼합 상토가 약간 촉촉해지도록 물을 뿌린다. 질척거릴 정도로 물을 많이 주면 그 역시 생강을 썩게 한다.
3. 생강 조각들을 눈이 위로 향하게 해서 혼합 상토에 심는다. 생강 조각들 위에 2.5~5센티미터 정도 두께로 흙을 덮는다. 각각의 조각을 7~10센티미터 정도 떨어뜨려 심는다. 지름 15센티미터인 화분에 생강 3조각을 심는 게 적당하다. 30센티미터 화분에는 6~8조각이 적당하다. ⓑ
4. 화분을 밝고 볕이 잘 드는 곳에 두고, 생강 조각들이 자라기를 기다려라. 생강 줄기가 커지면 혼합 상토가 빨리 마를 것이다. 그때는 물을 좀 더 자주 준다.

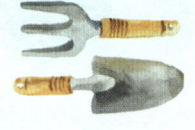

재미난 사실

초밥에는 얇게 저미고 분홍빛이 가미된 생강이 종종 같이 나온다. 단맛이 나는 쌀식초와 설탕 혼합물에 절인 것이다. 이때 설탕과 식초가 반응해서 분홍빛이 나온다.

수확하고 계속 재배하기!

생강 뿌리를 심고 나서 3~4개월이 지나면 순이 나고 뿌리가 드러나면서 흙이 갈라지는 것이 보인다. 그리고 생강 뿌리가 작은 조각들로 갈라져서 이용하기 좋게 된다. 식물이 화분에 비해 너무 크게 자라면 더 큰 화분에 옮겨 심으면 된다. 여름에는 화분을 실외에 두면 식물이 더 빨리 자란다(더 큰 작물을 더 빨리 수확할 수 있다!).

    1년이 지나면 식물 전체를 파내서 줄기를 다듬고 뿌리를 깨끗이 닦아 낸다. 그러고 나서 모든 과정을 처음부터 다시 한다. 생강 뿌리는 냉장고에 2~3주 정도 보관할 수 있지만 향이 빨리 사라진다. 대신에 껍질을 벗기고 갈아서 플라스틱 용기에 1~2테이블스푼씩 조금씩 나눠 담아 냉동고에 보관하면 좋다. 언 생강 조각들을 비닐 팩에 담아 냉동고에 보관하면 최대 6개월까지 요리에 사용할 수 있다.

강황

신선한 강황을 먹을 수 있다는 것은 큰 호사이다! 갓 갈아 낸 강황 뿌리의 향은 굉장히 좋아서 수프나 샐러드, 특별히 달걀 요리에 생기를 불어넣는다. 그러나 시중에서 구매할 때 가격이 비싸고 때로는 구입하기조차 어렵다. 그러니 직접 키우는 것이 좋지 않을까? 강황은 항염증 효과가 뛰어나기 때문에 한방치료제로서 건강식품 코너에서 건조 가루 캡슐 형태로도 많이 판매된다.

강황을 직접 키우려면 여름에 실내에서 시작해 실외로 옮겨 심어야 한다. 강황 뿌리는 식용으로 쓰이고 예쁜 꽃은 열대 지방 분위기를 물씬 풍겨 정원의 생기를 한층 끌어올리는 데 좋다.

재배 팁

강황은 주변을 주황색으로 물들게 하므로 신선한 강황을 다룰 때는 장갑을 끼거나 만진 다음에 바로 손을 씻어라.

강황 다시 기르기 방법

잘 드는 칼과 지름이 최소 15센티미터 되는 화분 하나, 무토양 혼합 상토, 물뿌리개가 필요하다.

1. 강황 뿌리를 잘 드는 칼로 2.5센티미터 정도 크기로 자른다. 각 조각에 눈(또는 싹)이 최소한 2개 돋아 있어야 한다. 칼 없이 그냥 자를 수도 있지만 강황은 꽤 단단하다. 그렇기 때문에 칼을 이용하는 게 더 쉽다. 생강처럼 자른 조각들을 하루 정도 말린다. 이렇게 해야 단면에 세균과 곰팡이가 침입하는 것을 방지한다. [a]

2. 화분에 무토양 혼합 상토를 붓는다. 작물을 썩게 만드는 세균과 곰팡이가 없는 무토양 혼합 상토를 사용한다는 점이 중요하다. 흙이 약간만 촉촉해지도록 물을 뿌린다. 이때 혼합 상토가 너무 질척거리지 않도록 주의해야 한다. 물이 너무 많이 뿌려졌다면 혼합 상토를 더 넣어 습도를 맞춰라. (화분에 흙이 넘치면 흙을 덜어 내라. 화분 입구에서 2.5센티미터 정도 아래까지 흙을 채워라.)

3. 강황 조각들을 눈이 위로 향하도록 해서 혼합 상토에 심는다. 조각들을 2.5~5센티미터 두께로 혼합 상토로 덮는다. 각 조각들을 7.5~10센티미터 간격으로 떨어뜨린다. 지름이 15센티미터 화분에 강황 3조각 정도가 적당하다. 지름이 30센티미터라면 6~8조각이 적당하다.

4. 화분을 밝고 볕이 잘 드는 곳에 두고 조각들이 자라기를 기다린다. 작물이 커지면 혼합 상토의 수분을 더 자주 확인해서 물을 더 자주 줘야 한다.

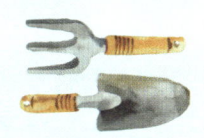

재미난 사실

강황은 직물을 황색으로 물들인다. 화장품에 색조를 입히는 데 쓰이고, 힌두교 결혼 예식에서도 사용된다.

수확하고 계속 재배하기!

강황을 처음 재배할 때는 지름 15센티미터 화분을 사용하는 것이 좋다. 이유는, 아주 작은 뿌리를 커다란 화분에 심으면 물을 너무 많이 주게 되어 뿌리가 썩기 쉽기 때문이다. 또한 겨울에는 실내에 놓아두어야 하므로 화분이 너무 크면 실내 공간을 많이 차지한다는 점도 고려하라. 수확을 많이 하고 싶다면, 줄기가 15센티미터 정도 올라왔을 때 작물을 더 큰 화분에 옮겨 심고 여름에는 실외로 옮기면 된다. 강황은 토마토 재배에 적당한 환경(야간 기온이 18℃ 이상)을 갖춘 실외에 두면 아주 좋다.

강황 뿌리가 먹을 수 있을 정도의 크기로 자라기까지 8~9개월이 걸린다. 12월에 실내에서 다시 기르기를 시작하면 다음 해 서리가 내릴 즈음 꽤 많이 수확할 수 있다. 강황은 언제든 다시 기르기 할 수 있지만 일반적으로 이때가 가장 좋은 결과를 얻을 수 있는 시기이다.

강황 뿌리가 자라 수확할 때가 되면 줄기는 마르거나 누렇게 변한다. 줄기가 변하지 않았더라도 심은 지 8~9개월 내에 뿌리를 파낼 수 있다. 오래된 줄기는 잘라서 퇴비를 만든다. 뿌리의 흙을 씻어 낸 다음, 뿌리를 잘게 썰고 껍질을 벗겨 밀폐 용기에 담아 냉동고에 저장한다. (껍질 벗기기는 선택 사항이다. 강황 껍질은 그다지 두껍지 않다. 껍질만 보면 토마토보다는 당근에 더 가깝다.) 냉동실에 넣어 둔 강황을 꺼내, 갈아서 바로 요리에 쓸 수 있다. 강황은 밀도가 높지만 생강처럼 섬유질이 아니어서 잘 갈린다. 강황 뿌리를 수확할 때 다시 기르기 할 것을 생각해 한두 조각 남겨 두는 것을 잊지 마라!

CHAPTER 2

이 사진처럼 감자에 이미 싹이 많이 났다면 다시 기르기에 아주 좋다.

감자

작은 투자로 큰 수익을 얻기를 기대하는가? 감자를 직접 길러 보라! 감자는 덩이줄기로, 싹이 나는 것을 방지하는 화학 처리가 되지 않았다면, 본능적으로 자란다. 감자를 사서 오래 두면 저절로 싹이 나는 것을 보면 이런 사실을 단번에 알 수 있다. 따라서 자연스럽게 발아되는 유기농 감자가 다시 기르기에 가장 좋다. 요리하려고 감자 한 봉지를 샀다면 다시 기르기용으로 단단한 감자 한 알을 남겨 두라.

쓰고 남은 감자를 실내에서 키우다가 실외로 옮겨 심거나, 곧바로 실외 마당에다 심을 수 있다. 감자는 매우 넓게 퍼져 자라는 작물이므로, 대체로 실내에서 키우기에 적합하지 않다.

감자 다시 기르기 방법

잘 드는 칼 한 자루와 이소프로필 알코올(살균제), 큰 화분(지름이 약 45~60센티미터) 하나, 화분용 영양토, 물뿌리개 하나가 필요하다. 싹이 난 감자를 실외에 심으려면 화분과 영양토 대신에 묘판과 무토양 혼합 상토가 필요하다. 이 크기의 화분에는 감자 두 조각 정도 심을 수 있다.

1. 감자를 씻어서 준비한다. 이소프로필 알코올로 칼을 소독한다. 특히 감자는 단면을 통해 세균이나 곰팡이가 침투해 썩기 쉬우므로 이 단계를 생략하면 안 된다. 감자에 눈 또는 싹이 난 것이 있는지 확인한다.
2. 감자를 2.5~5센티미터 정도의 크기로 자르는데, 각 조각에 눈이 2개 정도 있어야 한다. [a]
3. 자른 감자를 심기 전에 하루 이틀 정도 건조시킨다. 서늘하고 건조한 곳에 둔다. '신선한 감자'는 흙 속에서 즉각적으로 미생물의 공격을 받을 수 있기 때문에 이 단계를 건너뛰면 안 된다. 이런 보존 과정을 거쳐야 감자 단면에 새로운 보호막이 형성된다.
4. 화분에 영양토를 반쯤 채운다. 실외에 심기 전에 미리 싹을 틔우려면 묘판에 무토양 혼합 상토를 채운다. 두 경우 다 흙이 약간만 촉촉해지도록 물을 뿌린다.
5. 자른 감자를 화분 또는 묘판에 놓고 5~7.5센티미터 정도 두께로 흙을 덮는다. 화분에서 키울 때는 감자 조각들 사이를 15센티미터 정도 띄운다. 묘판에 심은 경우에는 2.5~5센티미터 정도만 띄워도 된다.

6. 화분 또는 묘판을 볕이 잘 드는 곳에 두고 싹이 나는 동안 흙을 촉촉하게 유지시켜라. 묘판의 감자에 한두 잎이 나면 실외에 옮겨 심을 수 있다. 이때는 감자 조각들 사이를 45센티미터 정도 띄운다. 화분에 키울 때는 줄기가 자라는 것에 맞춰 영양토를 차츰차츰 더 붓는다. 항상 영양토 위로 두세 세트의 잎이 올라오게 한다. ⓑ

수확하고 계속 재배하기!

감자는 서늘한 기후에서 잘 자란다. 실외에서 기르려면 화분에서 싹을 틔운 다음 첫 서리가 내리기 약 2~3주 전에 실외에 옮겨 심는다. 감자가 자라는 것을 봐서 줄기 둘레에 흙을 북돋운다.(잎 한두 세트는 보이게 하면서 감자 줄기 둘레에 흙을 쌓는다.) 정기적으로 비가 내리지 않는 경우, 꽃이 필 때 감자에 물을 준다.

꽃이 피고 나서 3주 뒤에 작은 덩이줄기 주변을 살살 파면서 새 감자들을 수확한다. 잎이 누렇게 변하고 나서 한두 주 뒤에 남은 감자들을 수확한다. 감자는 캐내고 하루 이틀 정도 건조시킨 다음 실내로 옮겨 깨끗이 닦는다. 수확한 감자는 어둡고 서늘한 곳에 보관한다.

재미난 사실

토머스 제퍼슨Thomas Jefferson이 미국에 프랑스식 감자튀김인 '프렌치프라이'를 들여왔다. 그는 1784년에서 1789년까지 주불 미국공사로 지낼 때 프렌치프라이를 접했다. 1802년 백악관 공식만찬 때 요리사에게 얇게 썰어 튀기는 프랑스식 감자튀김을 준비시켰다. 이런 프렌치프라이는 1900년대 초반까지만 해도 미국에서 유행하지 않았지만, 오늘날에는 미국인들이 감자를 요리해 먹는 주요 방식 중 하나가 되었다.

비트

비트는 정식 코스 요리의 주요 재료로 쓰인다. 유기농 농산물을 직거래 하는 식당에서는 비트를 주재료로 한 샐러드를 한 가지 이상 반드시 맛볼 수 있다. 비트의 종류에는 전통적인 빨간 비트 뿐만 아니라 하얀 비트, 노란 비트, 흰줄무늬 비트도 있다. 잎 또는 뿌리 상단이 상하지 않았다면 모든 종류의 비트를 다시 기를 수 있다.

    비트는 당근과 마찬가지로 2년생 곧은뿌리이고, 비트 뿌리의 생장점은 뿌리의 맨 윗부분에 있다. 따라서 비트를 다시 기르기 할 때는 뿌리보다는 윗부분, 즉 '비트 잎' 부분을 다시 길러야 한다. 비트 잎은 아주 맛이 좋다. 어린 비트 잎은(말 그대로 어린잎이다!) 고급 샐러드의 주재료이다. 그보다 더 큰 비트 잎은(비트를 가게에서 사와서 자른 잎) 마늘과 레몬즙을 넣고 볶으면 풍미가 좋다.

비트 다시 기르기 방법

잘 드는 칼 한 자루와 지름이 최소 15센티미터 화분 하나, 무토양 혼합 상토, 물뿌리개가 필요하다.

1. 비트의 윗부분이 2센티미터만 남게 칼을 이용해 깔끔하게 자른다. 윗부분에 잎이 있다면 잎을 깨끗하게 자른다. 이때 뿌리 상단이 상하지 않게 주의해야 한다. 상단에 잎이 남아 있으면 잎이 더 자라지 않는다. 자른 잎은 위에서 설명했듯이 요리해 먹으면 된다. ⓐⓑ

2. 화분에 무토양 혼합 상토를 쏟는다. 혼합 상토는 살균이 되어 있어 비트 뿌리를 썩게 하는 세균이나 곰팡이가 적다. 혼합 상토는 화분 가장자리를 2.5센티미터 정도 남겨두고 쏟아야 물을 주었을 때 흙이 화분 밖으로 넘치지 않는다. 약간만 촉촉해지도록 물을 준다.

재배 팁

비트를 만질 때는 장갑을 껴야 한다. 아니면 비트를 썰고 나서 즉시 손과 조리대를 씻어라. 빨간 비트는 닿는 곳마다 얼룩을 남기기 때문이다. 주방을 끔찍한 살인 현장처럼 보이게 만들고 싶지 않다면 명심!

3. 자른 비트 윗부분을 상단이 위로 향하게 해서 혼합 상토에 심는다. 상단이 흙 위로 나오게 반쯤 묻는다. 다시 기르기를 할 경우, 심은 조각들 사이를 1.3~2.5센티미터 정도 띄운다. 이보다 더 많이 띄울 필요는 없다. ⓒ

4. 화분을 해가 잘 들고 밝은 곳에 둔다. 비트 상단에서 싹이 나고 자랄 때 혼합 상토를 촉촉하게 유지해 준다.

수확하고 계속 재배하기!

잎이 계속 자라는 한 비트를 계속 다시 기르기 할 수 있다. 어린잎은 잘라서 샐러드나 수프에 이용한다. 잎이 더 이상 자라지 않으면 그 비트 조각은 퇴비 더미에 던져라. 실외에 심어 꽃자루가 자라는지 확인해도 된다. 이 실험이 성공한다면, 꽃가루를 운반하는 곤충들이 작은 비트 꽃을 아주 좋아한다는 사실을 알게 될 것이다. 다른 식물들 또한 좋아할 것이다.

재미난 사실

비트는 노화 방지에 매우 좋을 뿐만 아니라 기분을 좋게 하는 데도 효과적이다. 뿌리에 우울증 치료에 쓰이는 베타인과, 추수감사절 칠면조 만찬을 즐긴 후처럼 마음을 편안하게 하는 성분과 관련 있는 화합물인 트립토판이 함유되어 있다.

같은 시기에 '심은' 순무 윗부분 두 조각이 보여주듯이 식물들은 각기 다른 속도로 자란다.

순무

순무는 잘 요리하면 아주 맛이 좋다. 커다란 순무 뿌리는 감자처럼 굽거나 으깨 먹는데, 감자보다 비타민이 더 많이 들어있다. 어린 순무는 살짝 단맛이 나고, 익히지 않고 얇게 썰거나 갈아 샐러드에 넣어 먹으면 아주 맛있다. 순무 잎은 미국 남부 지방에서는 오랫동안 식재료로 쓰였다. 남부 지방에서는 주일 만찬 때 햄이나 소금에 절인 돼지고기와 함께 순무 잎을 먹었다.

    순무는 당근과 비트처럼 곧은뿌리 채소이다. 다른 곧은뿌리 식물들과 비슷한 방법으로 다시 기르기 할 수 있고, 결과물도 비슷하다. 순무를 다시 기르기 하면 맛있는 순무 잎을 얻는 것이지 또 다른 순무 뿌리를 수확하는 게 아니다. 다시 기르기 할 순무를 살 때는 윗부분이 멀쩡한 것을 사야 한다. 윗부분이 멀쩡하지 않은 것들은 다시 기르기 할 수 없다.

순무 다시 기르기 방법

잘 드는 칼과 지름이 최소 15센티미터 되는 화분, 무토양 혼합 상토, 물뿌리개가 필요하다.

1. 순무 윗부분이 2센티미터 정도만 남게 잘 드는 칼로 자른다. 윗부분에 잎이 있다면 뿌리 상단이 상하지 않게 주의하며 잎을 잘라낸다. 잎이 남아 있다면 새 잎이 잘 자라지 않기 때문이다. 잘라낸 잎은 요리해 먹으면 된다! 사실, 순무 잎 요리는 쉽지 않다. 순무의 성숙한 큰 잎에는 잔털이 많아 생으로 먹으면 맛이 별로 없다. [a][b]

2. 순무 조각을 썩게 하는 세균이나 곰팡이가 거의 없는 무토양 혼합 상토를 화분에 쏟는다. 화분 가장자리를 2.5센티미터 정도 남기고 채워야 물을 줄 때 물이 화분 바깥으로 넘치지 않는다. 약간만 촉촉하게 물을 뿌린다.

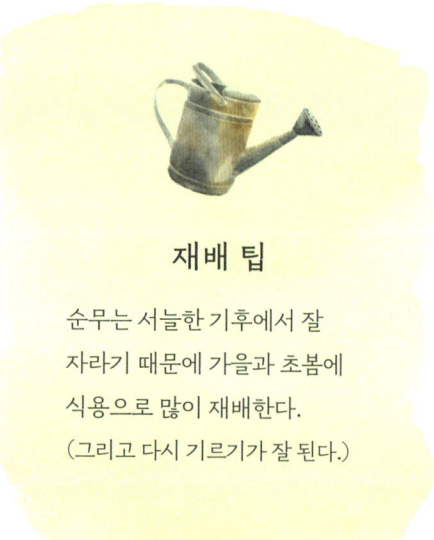

재배 팁

순무는 서늘한 기후에서 잘 자라기 때문에 가을과 초봄에 식용으로 많이 재배한다.
(그리고 다시 기르기가 잘 된다.)

3. 자른 순무 조각의 상단이 위로 향하도록 무토양 혼합 상토에 심는다. 상단이 드러나도록 순무 조각을 반쯤 묻는다. ⓒ
4. 화분을 밝고 볕이 잘 드는 곳에 둔다. 상단에서 싹이 트고 자랄 때는 물을 촉촉이 고르게 준다.

수확하고 계속 재배하기!

어린잎이 자라는 동안에는 순무를 계속 키워라. 큰 잎을 요리해 먹을 수 있기까지 5센티미터 정도 자라야 하지만 그보다 더 작은 어린잎들도 샐러드로 해 먹을 수 있다. 순무가 더 이상 자라지 않으면 퇴비로 만든다. 비트나 당근처럼 순무도 실외에서 키울 수 있다. 실외에선 꽃자루를 얻을 수도 있다!

재미난 사실

할로윈데이에 많이 만드는 호박등의 원조는 바로 순무이다. 수세기 전 아일랜드의 켈트족 사람들이 순무의 속을 판 다음 안에 초를 넣어 불을 밝혀서 악령들을 쫓았다고 한다.

래디시

잎이 있는 래디시를 한 묶음 사면 뿌리보다 잎을 더 많이 얻을 수 있다. 대부분의 사람들이 래디시 윗부분을 잘라내 버리는데, 그 부분도 잎과 함께 식탁에 내놓을 가치가 있다. 래디시 상단은 시들려고 할 때 요리하면 가장 맛있다. 냄비에 버터를 약간 녹이고 래디시 잎을 넣어 1, 2분 정도 익힌다. 익으면 곧바로 꺼내 소금과 레몬 즙을 곱게 뿌린다. 다양한 색감을 주려면 독특한 핑크색 껍질에 속은 흰색을 띠는 수박무를 골라라. 보라색이나 노란색, 흰색, 검은색 래디시도 있다.

    래디시를 다시 기르기 하려면 당근이나 순무 같은 곧은뿌리 채소들과 같은 방식으로 하면 된다. 결과도 비슷하게 나온다. 래디시의 어린잎을 수확해 생으로, 또는 요리해서 먹을 수 있지만 다시 기르기를 해서 새 래디시를 수확할 수는 없다.

래디시 다시 기르기 방법

잘 드는 칼과 지름이 최소 15센티미터 되는 화분, 무토양 혼합 상토, 물뿌리개가 필요하다.

1. 래디시 잎을 다시 기르기 하려면 잘 드는 칼로 윗부분을 1.3센티미터만 남게 자른다. 잎이 있다면 잘라내는데, 래디시 상단이 상하지 않게 주의해야 한다. 상단이 상하면 잎이 더 이상 자라나지 않기 때문이다. 래디시 잎은 순무 잎과 같은 방법으로 요리해 먹으면 된다. ⓐ

2. 래디시를 썩게 만드는 세균이나 곰팡이가 없는 무토양 혼합 상토를 화분에 붓는다. 화분 가장자리를 2.5센티미터 정도 남기고 흙을 부어야 물을 줄 때 화분 밖으로 물이 넘치지 않는다. 흙 표면이 약간 촉촉해지도록 물을 준다.

3. 래디시 조각 상단이 위로 오도록 혼합 상토에 심는다. 상단이 흙 위로 드러나도록 반 정도만 흙에 묻는다. 래디시 조각들은 서로 가까이 심어 사이를 2.5센티미터 정도만 벌려도 된다. 원한다면 가게에서 사온 래디시 한 묶음을 다 한 화분에 심을 수도 있다. ⓑ

4. 화분을 밝고 볕이 잘 드는 곳에 둔다. 래디시 상단에 싹이 나고 잎이 자랄 때 골고루 수분이 공급되도록 물을 준다.

재배 팁

래디시는 정원에 직접 씨를 뿌려 키우기에 아주 쉬운 채소에 속한다. 봄이나 늦가을에 심어 뿌리의 지름이 2.5센티미터쯤 될 때 수확한다. 그다음에 잎이 나는 윗부분은 다시 기르기 할 수 있다. 앞으로는 마트에서 사다가 한 번 먹고 버릴 필요가 없다.

수확하고 계속 재배하기!

래디시의 어린잎은(길이가 2.5센티미터 정도) 샐러드나 샌드위치에 매콤하고 맛있는 향을 더해 준다. 수프에 신선한 고명으로 이용하라. 잎이 더 나지 않으면 래디시 조각을 퇴비 더미에 던져라.

재미난 사실

멕시코의 오악사카Oaxaca 주에서는 12월 23일 '래디시의 밤'이라는 뜻의 '노체 드 라바노스Noche de Rabanos' 축제를 연다. 특별히 이 축제를 위해서 키운 래디시를 축제 하루이틀 전부터 조각한다. 예술가들의 무대가 세워지고, 이 축제를 구경하러 오는 관광객들의 줄이 길게 늘어설 정도로 인기가 많다.

고구마

고구마는 뿌리 윗부분에 눈이 있는 덩이뿌리 채소이다. 고구마의 눈은 설사 눈에 보이지 않는다 해도 항상 그 자리에 있다! 고구마를 다시 기르기 하면 다음 겨울 내내 먹을 수 있는 고구마를 수확할 수 있다. 고구마 다시 기르기는 덩이뿌리에서 수확까지 세 단계를 거친다. 시간이 좀 걸리지만 고구마를 직접 키우면 적은 투자로 엄청나게 많은 고구마를 수확할 수 있어서 아주 즐겁다.

    어떤 고구마는 (감자처럼) 싹이 나지 않도록 처리했을 수도 있으므로 구입할 때 주의해야 한다. 화학 처리를 하지 않은 유기농 제품이나 로컬 농장에서 직접 구입하라. 고구마 하나 정도는 싹을 틔울 것으로 남겨 두라.

많은 고구마를 다 어떻게 처리해야 할지 모르겠다고? 고구마의 용도는 매우 다양하고, 여러 방식으로 요리해 먹을 수 있다. 집에서 키운 로즈메리 같은 허브를 조금 넣고 다른 뿌리채소와 함께 구워라(116쪽 참고). 삶은 다음 으깨어 퓌레로 만들어 먹어라. 고구마 찜을 해먹든가 아니면 얇게 썰어 튀김을 해먹을 수도 있다. 계피나 허브로 향을 내서 달콤하게 먹어도 아주 맛이 좋다.

고구마 다시 기르기 방법

고구마 둘레에 맞는 입구를 가진 병이나 컵, 이쑤시개, 가위, 화분용 영양토, 묘판, 물뿌리개가 필요하다.

집에서 고구마를 키울 때 크게 3단계를 거친다.

1. 고구마가 뿌리를 내리면 작은 가지들, 즉 꺾꽂이용 가지들이 돋아난다.
2. 덩이줄기에서 꺾꽂이용 가지들을 떼어 뿌리내리게 한다.
3. 그 가지들을 토양에 심는다.

고구마는 뿌리가 자라 수확하기까지 여러 달이 걸린다. 꺾꽂이용 가지가 자라기까지 최소 두세 달은 기다렸다가 실외에 심어야 한다.

1단계: 뿌리 내리고 꺾꽂이용 가지 내기

1. 고구마를 병이나 컵에 넣는다. 뿌리가 아래를 향하고 싹(줄기)이 위로 향하게 한다. 이 과정이 생각보다 어렵다. 어디가 뿌리 쪽이고 어디가 줄기 쪽인지 어떻게 알 수 있을까? 뿌리 쪽은 보통 줄기 쪽보다 점점 더 가늘고 뾰족하다. 가끔은 윗부분 끝에 작은 싹들이 돋아 있을 수도 있다. 고구마 길이가 컵보다 짧으면, 고구마 둘레에 이쑤시개를 네 개 꽂아서 고구마의 윗부분이 병 테두리 위로 올라오도록 한다.
2. 컵에 물을 붓는다. 수면 위로 고구마가 최소 5~7.5센티미터 올라올 정도로 물을 채운다. [a]

3. 고구마 뿌리가 자라고 작은 싹들이 나도록 기다린다. 윗부분에서 나오는 작은 싹 또는 줄기가 꺾꽂이용 가지들이다. 싹이 자라는 동안 물을 일주일에 한 번씩 갈아 준다. 이때 뿌리가 마르게 두면 안 된다. 이 과정은 4~6주 정도 걸린다.

고구마 윗부분에서 나오는 작은 줄기들이 7.5~10센티미터 정도 자라면 2단계로 넘어갈 준비가 된 것이다.

2단계: 꺾꽂이용 가지 뿌리 내리기

1. 고구마 가지들을 자른다. 고구마 하나에서 5에서 15개 정도의 가지들이 나온다.
2. 깨끗한 컵이나 병에 물을 채우고 가지들을 넣는다. ⓑ
3. 가지에서 뿌리가 나오도록 기다린다. 이 과정은 빠르게 진행된다. 뿌리가 최소 2.5센티미터 정도 되었을 때 심는다.

뿌리와 밑줄기로 식물 다시 기르기

3단계: 꺾꽂이용 가지 심기

가지들을 묘판에 심어 더 키운 다음에 옮겨 심거나 바로 실외에 심을 수도 있다. 마지막 서리가 내리고 나서 한 달 뒤쯤 토양이 따뜻해졌을 때 실외에 심는다. 날씨가 따뜻할 때 둔덕이나 경작하기에 적당한 땅에 심는다. (둔덕을 만들려면 흙을 10~20센티미터 정도 쌓은 다음 그 위에 식물을 심는다.) 가지들 사이를 45센티미터씩 떨어뜨려서 심는다.

뜰에 옮겨 심은 고구마 가지에서 덩이줄기가 형성되기 시작한다.

재배 팁

고구마를 실외의 넓은 땅에서 재배하면 대단히 많이 수확할 수 있다. 화분이나 용기에 키우면 뿌리가 통통해지는 대신 용기를 둥그렇게 휘감으면서 길고 얇게 자라기도 한다.

실외 텃밭에서 수확한 고구마는 화분에서 키운 것보다 통통하다.

수확하고 계속 재배하기!

고구마 줄기가 자리를 잘 잡도록 물을 주고, 일주일에 최소 2.5센티미터만큼의 물을 흡수하도록 한다. 그렇지 않으면, 줄기들이 사방으로 뻗어나가 10월 중순까지 자란다. 그즈음에 줄기 주변을 조심스럽게 파서 무더기를 뽑는다. 가지마다 각각 3개에서 8개의 새 고구마가 달린다. 고구마를 수확한 뒤 따뜻하고 습한 곳에 보존한다. 그다음에 흙을 살짝 털고 종이 봉지에 담아 밀폐된 곳에 두고, 필요할 때마다 꺼내 쓴다. 고구마는 3달에서 5달 정도 보관할 수 있다. 고구마 한 개를 다시 기르기용으로 챙겨 두는 것을 잊지 마라!

재미난 사실

고구마는 식용 외의 용도로도 쓰일 수 있다. 1860년대(정확한 날짜는 알려져 있지 않다)에 태어난 유명한 식물학자이자 발명가인 조지 워싱턴 카버 George Washington Carver 는 땅콩으로 만들어낸 제품들로도 유명하지만, 고구마를 가지고 염료와 목재 충전재, 풀(접착제)을 비롯해 118개의 제품을 발명했다.

줄기와 변형 줄기로
식물 다시 기르기

골파나 리크leeks를 요리해 먹은 다음에 끄트머리를 그냥 버리지 마라! 그것을 다시 기르기 할 수 있다. 골파와 리크는 줄기 채소이고, 다시 기르기가 아주 쉽다. 줄기에는 식물을 키우는 데 필요한 모든 것이 다 있으므로, 줄기 다시 기르기는 누구나 도전할 수 있다. 줄기가 잘 자랄지 걱정할 필요가 없다. 오로지 식물이 잘 자랄 환경에 줄기를 꽂아 두기만 하면 된다.

쳅터1에서 다뤘듯이 마늘과 샬롯, 골파 같은 구근 식물은 변형 줄기이다. 생장점이 알뿌리 중앙에 깊이 묻혀 있어, 변형 잎들의 보호를 받는다. 파와 골파는 잎(우리가 먹는 부분)과 줄기(아래쪽)로 되어 있다.

줄기 식물은 다시 기르기를 하면 장기적으로 꽤 많은 양을 수확할 수 있다. 줄기 채소는 기본적으로 재배 방법이 거의 다 비슷하지만 결과물과 수확 시기가 채소마다 조금씩 다르다. 그래서 채소별로 세세한 사항들에 주의해야 한다. 양파류는 샬롯을 제외하고 모두 실외에 심었을 때 꽃을 피우고 마지막에는 씨를 남긴다. 계속 수확하는 한 가지 방법은 씨를 남기는 것이다. 씨를 심어 수확하기까지는 시간이 걸리지만 매우 즐거운 과정이다. 줄기 식물은 수중 재배하기도 쉽다. 그러나 장기적으로 봤을 때, 흙 재배와 비교해서 수확량에서 큰 차이가 난다. 수중 재배에 관한 더 많은

선별 식물

구근류는 다시 기르기에 아주 좋은 식물이다.

- 마늘
- 양파
- 샬롯 (쪽파)
- 리크

다시 기르기 해서 2주 된 리크

정보는 쳅터6에서 확인할 수 있다.

(뿌리줄기와 덩이줄기 또한 변형 줄기이지만 재배 방식이 이 장에서 다루는 줄기나 변형 줄기 재배 방식과 다르다. 덩이줄기 식물 재배법은 쳅터2에서 확인하라.)

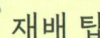

재배 팁

구근류 식물은 대부분 서늘한 기후에서 잘 자란다. 따라서 구근류 채소를 실외에서 재배하려면 효과적인 수확을 위해 언제 심는 것이 좋은지를 거주지의 지역 정보망을 통해 확인하라.

마늘

마늘 없이 요리하는 것을 상상할 수 있을까? 어떤 요리를 하든 아주 조금이라도 마늘로 풍미를 내지 않고 완성하는 것은 거의 불가능하다. 마늘의 톡 쏘는 맛은 마늘 속 세포가 터지면서 발생하는 화학 작용에서 나온다. 그래서 통 마늘은 냄새가 안 나고, 마늘을 갈았을 때만 매운 내가 나는 것이다. 우리가 '마늘종'이라 부르는 마늘의 꽃줄기도 먹을 수 있다. 대체로 봄에 올라오는데, 줄기 끝(이 부분이 벌어지면서 꽃이 된다.)이 불룩하다. 마늘종은 식초에 절여 먹을 때 특히 맛이 좋다.

    마트에서 사는 마늘은 대체로 팔리기 전에 싹이 나는 것을 방지하기 위해 화학 처리가 되었을 것이다. 따라서 그것을 심으면 싹이 날 수도 있고 또는 안 날 수도 있다. 유기농 제품을 사거나 이미 싹이 나기 시작한 마늘쪽을 구해 보자. (때로는 이미 싹이 난 마늘을 식품점이나 시장에서 찾을 수도 있다.) 쪼개지 않은 통마늘을 사면 한두 쪽을 남겨 두라. 많이 수확하고 싶다면 큰 쪽을 심으면 좋다.

    마늘을 실내에서 키우면 구근이 나올 정도로 자라지는 않고 잎만 수확할 수 있다. 만약 마늘 구근을 키우고 싶다면, 일정한 시기가 되었을 때 실외에 옮겨 심어야 한다. 지역에 맞는 적절

한 품종과 재배시기에 대해 알아보라. 봄이나 초여름에 수확하기를 원한다면 대체로 가을에 심어야 할 것이다. 코끼리마늘(마늘과 비슷하지만 실제로 마늘은 아니다.)은 아주 따뜻한 기후에서 잘 자란다. 하드넥hardneck 마늘은 추운 지방에서, 소프트넥softneck 마늘은 따뜻하고 온화한 지역에서 잘 자란다.

마늘 다시 기르기 방법

화분용 영양토와 화분(지름이 10-15센티미터), 물받이, 물뿌리개가 필요하다.

1. 마늘쪽을 다 나눈다. 껍질을 벗길 필요는 없다. ⓐ
2. 화분에 영양토를 붓는다. (실외에 심는다면, 작물이 잘 자라도록 흙을 일군다.)
3. 마늘쪽 하나를 2.5~3.8센티미터 깊이로 심고, 흙으로 덮는다. 마늘쪽 사이는 약 1.3센티미터 정도만 떨어뜨려 심어도 된다. (실외에 심는다면 볕이 잘 드는 곳에, 마늘쪽들을 서로 15센티미터 정도 떨어뜨려 심는다.) ⓑ
4. 흙이 약간 촉촉해지도록 물을 준다.
5. 화분을 밝고 볕이 잘 드는 곳에 둔다. 실외건 실내건 흙에 골고루 습기가 배어 있도록 한다. 실내에서는 싹이 꽤 빨리 돋는다. 실외에서 키운다면 싹이 트기까지 좀 기다려야 한다. 마늘을 실외에 심으면 먼저 뿌리가 자란 다음에 줄기가 자란다. 실외에서 키우는 식물은 뿌리를 내린 다음에 초봄까지 휴면기에 들어가기 때문이다.

재미난 사실

마늘에는 항생물질이 있어, 수세기 전부터 항생제로 사용되었다.

싹이 난 마늘은 당연히 맛이 떨어진다. 하지만 다시 기르기 하면 된다!

재배 팁

실외에서 키우는 마늘의 윗부분이 마르기 시작하면 더 이상 물을 주지 마라. 그 시점에 이르렀다면 마늘은 생활 주기의 끝에 이른 것이므로 그대로 마르게 두라.

수확하고 계속 재배하기!

마늘을 실내에서 기른다면 잎을 잘라 요리해 먹어라. 마늘의 잎은 마늘쪽과는 또 다른 향이 나고, 골파처럼 활용할 수 있다. 잎이 더 자라지 않으면 잎을 잘라 쓰고, 구근은 퇴비로 쓰면 된다. 만약 실외에서 기른다면 뿌리가 자라기까지 기다리고 봄에 새순이 나는 것을 지켜보라. 꽃줄기가 나오면 잘라 먹어라. 그것을 잘라 줘야 마늘 구근이 더 크고 즙도 많아진다. 잎이 마르기 시작하면 구근을 파내서 걸어 말린다.

줄기와 변형 줄기로 식물 다시 기르기

싹이 난 양파는 다시 기르기에 아주 좋다.

양파

양파는 얇은 껍질들로 이뤄진 커다란 구근으로 샌드위치 토퍼로 쓰거나 당근, 샐러리와 함께 볶아 수프 국물을 내는 데 쓴다. 언제든 냉장고 바닥을 뒤지면 최소한 하나 이상의 오래된 양파가 나올 것이다. 싹이 나오기 시작했을 수도 있다! 그것으로 다시 기르기를 하면 아주 좋은 결과를 얻을 수 있다. 이미 자라고 있으니 계속 자라도록 유지시키기만 하면 된다. 어떤 양파는 싹이 나지 않도록 처리되어 있다. 따라서 다시 기르는 양파에 싹이 안 나온다고 해서, 당신의 가드닝 기술에 문제가 있는 것은 아니다. 단지 유전자가 조작된 양파가 문제일 수 있다. 그런 양파는 퇴비로 쓰고, 다른 것으로 다시 해보라.

    양파는 낮 길이에 매우 민감하므로(사실 밤 길이에도 민감하다.), 요리하기 전에 남겨 둔 양파를 실외에 언제 심느냐에 따라 흥미로운 결과를 얻을 수 있다. 새 양파 구근을 얻을 수도 있고 그렇지 않을 수도 있는데, 그것은 양파의 종류에 따라 다르다.

CHAPTER 3

양파 다시 기르기 방법

화분용 영양토와 잘 드는 칼, 이소프로필 알코올이나 리졸, 화분(지름이 10~15센티미터), 물받이, 물뿌리개가 필요하다.

1. 싹이 난 양파를 반으로 자른다. 겉껍질부터 시작해 싹까지 자른다. 두세 쪽으로 자를 수 있다. ⓐ ⓑ

2. 화분에 영양토를 붓는다. (실외에 심는다면 식물이 잘 자라게 흙을 일군다.)

3. 양파 조각들을 5센티미터씩 떨어뜨려 심는다. 뿌리와 구근을 2.5센티미터 깊이로 묻고 생장점 또는 싹이 난 부분을 위로 노출시킨다. (실외에 심는다면 볕이 잘 드는 곳에 심는다.) ⓒ

4. 흙에 물을 흥건하지 않게 조금 뿌린다.

5. 화분을 밝고 볕이 잘 드는 곳에 놓는다. 실내외 모두 흙에 골고루 물이 스며들게 한다. 실내에서 키운다면 싹이 꽤 빨리 나올 것이다.

수확하고 계속 재배하기!

양파를 실내에서 기르고 향긋한 잎을 따서 요리해서 먹으면 좋다. 양파를 실외에서도 다시 기르기 할 수 있는데, 그렇게 하면 큼직한 양파들을 수확하고 계속해서 다시 기를 수 있다. 양파의 윗부분이 갈색으로 변하고 잎이 떨어질 때까지는 계속해서 기를 수 있다. 그 시점에 이르면 양파를 캐서 실외에서 건조시킨다. 그다음에 서늘하고 건조한 실내에 보관한다.

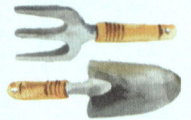

재미난 사실

중세에는 양파의 가치를 매우 높게 쳐서 급료로 지불되었다.

양파를 실외에서 키운 다음 저장할 계획이라면 실내에 들여놓기 전에 건조시켜야 한다.

재배 팁

양파를 실외에서 키울 때는 잡초를 뽑고 물을 주라. 양파가 뿌리를 깊이 내리지 않으면 빨리 마르고 잡초를 이기지 못한다.

샬롯

샬롯은 양파의 한 종류이지만 다른 양파나 마늘보다 맛이 순하다. 프랑스 요리에 많이 쓰이고, 샐러드용 드레싱에 훌륭한 향을 더해 준다. 아시아 요리에서는 때때로 튀김이나 초절임으로 사용된다.

샬롯은 마늘과 같이 하나의 알뿌리 안에 여러 개의 작은 쪽들이 있다. 새로운 쪽이나 알뿌리가 자라는 데 시간이 조금 걸리지만, 빨리 수확하고 싶다면 실내에서 다시 기르기 해서 잎을 즐길 수 있다.

샬롯 알뿌리를 반으로 자르면 안이 '쪽들'로 나눠져 있는 것을 볼 수 있다.

줄기와 변형 줄기로 식물 다시 기르기

샬롯 다시 기르기 방법

화분용 영양토와 화분(지름이 10~15센티미터), 물받이, 물뿌리개가 필요하다.

1. 샬롯 알뿌리를 쪼개서 가장 큰 쪽을 골라낸다. ⓐ
2. 화분에 영양토를 붓는다. (실외에서 키운다면, 작물이 잘 자라게 흙을 일군다.)
3. 샬롯 알뿌리 하나 또는 몇 쪽을 각기 2.5~5센티미터 정도 떨어뜨려서 3.8센티미터 정도 깊이에 심은 다음 흙으로 덮는다. (실외에 심는다면 볕이 잘 드는 곳을 선택하라.) ⓑ
4. 흙이 전체적으로 약간 촉촉해지도록 물을 준다. 실외에 심으면 먼저 뿌리가 자란 다음에 줄기가 자란다. 가을에 심으면 천천히 자라다가 봄에 알뿌리가 형성되기 시작한다.

5. 화분을 밝고 볕이 잘 드는 곳에 두라. 실외든 실내든 토양을 전체적으로 촉촉하게 유지시켜야 한다. 실내에서는 새싹이 꽤 빨리 나올 것이다.

재미난 사실

샬롯은 전통적으로 베어네이즈bearnaise 소스에 독특한 향을 준다.

주방 조리대 한쪽에서 한두 주 후에 싹이 난 샬롯.

수확하고 계속 재배하기!

실내에서 키울 때는 요리할 때마다 잎을 잘라 써라. 골파처럼 쓸 수 있다.

실외에 심을 때 따뜻한 지역(기온이 영하로 내려가지 않는 지역)에서는 가을에, 서늘한 지역에서는 봄에 심어라. 심고 나서, 그리고 건기에도 물을 잘 주라.

알뿌리가 지름 5센티미터 정도 되면 수확해서 건조시킨다. 양파와 같은 방식으로 샬롯 알뿌리를 캐서 말린다.

재배 팁

샬롯은 낮이 길어지면 알뿌리가 즙이 풍부하고 맛도 좋게 잘 영글어 간다. 가을에 심으면 봄까지는 수확하기 힘들다.

뿌리가 잘린 리크를 사면 다시 기르기 어려우므로 사진처럼 뿌리가 상하지 않은 것을 골라야 한다.

리크

개인적으로 리크를 아주 좋아한다! 이런 취향은 필자가 버몬트에 살 때 훌륭한 감자 리크 수프를 제공하는 식당에 자주 드나들면서부터 생겼다. 그 뒤로 뉴욕 북부로 이사해, 이곳에서는 먹고 싶은 것은 감자 리크 수프를 포함해 뭐든 요리하는 법을 배워야 했다. 그 결과 리크는 재배하기도, 요리하기도 쉽다는 것을 알게 되었다.

    리크는 양파의 한 종류이고, 대부분의 다른 양파류와 마찬가지로 압축된 생장점이 식용 잎들에 둘러싸여 있다. 리크를 다시 기르기 하려면 아랫부분에 뿌리가 남아 있는 것을 구입하라. 뿌리가 잘린 것은 생장점 또한 잘렸을 가능성이 높다.

물에서 다시 기르기 할 준비가 된 리크

    리크는 실내든 실외든 키우기가 굉장히 쉽다. 여기서는 흙에서 다시 기르는 방법을 설명하겠지만 물에서도 다시 기르기 할 수 있다. 110쪽에서 다룰 골파의 수중 재배 설명을 그대로 따라 하면 된다. 리크는 두 가지 방법 다 잘 맞는다. 다만 물에서보다 흙에서 약간 빨리 자라는데, 흙이 실내에 지저분하게 떨어지는 것이 싫다면 물에서 다시 기르기 하면 된다.

    심을 때 리크의 크기에 따라 다시 기르기 결과물도 달라진다. 구매한 리크의 크기가 작다면 (굵기가 손가락 굵기 정도) 실외나 실내에서 다시 기른 리크의 크기는 딱 그 정도가 된다. 크고 통통한 리크는 수프나 구이 등의 용도로 좋다. 구입할 때 이미 크기가 컸다면 풍미가 아주 좋은 푸른 잎을 수확할 수 있다.

줄기와 변형 줄기로 식물 다시 기르기

리크 다시 기르기 방법

화분용 영양토와 잘 드는 칼, 이소프로필 알코올이나 리졸 소독제, 화분(지름이 10~15센티미터), 물받이, 물뿌리개가 필요하다.

1. 리크의 뿌리가 붙은 윗부분을 5~7.5센티미터 남겨 두고 자른다. ⓐ
2. 화분에 영양토를 채운다. (실외에 심는다면 작물이 잘 자라도록 흙을 일군다.)
3. 리크가 흙에서 1.3센티미터 정도만 올라오도록 심는다. 화분에는 리크 조각들을 서로 가깝게 심어도 된다. (실외에 심는다면 볕이 잘 드는 곳에, 서로 10~15센티미터 정도 떨어뜨려 심는다.) ⓑ
4. 물이 흥건하지 않도록 흙 전체에 골고루 조금만 물을 준다.
5. 화분을 밝고 볕이 잘 드는 곳에 둔다. 실내든 실외든 흙의 수분을 골고루 촉촉하게 유지시킨다.

재미난 사실

로마 황제 네로는 리크를 아주 많이 먹어서 '리크 황제'라는 별명을 얻었다.

재배 팁

리크는 먹고 싶을 때 수확할 수 있다. 리크가 길게 자랄수록 요리할 수 있는 게 많아지지만 대가 얇아도 요리해 먹을 수 있다.

수확하고 계속 재배하기!

어린 리크 잎도 골파와 같은 방식으로 다양하게 요리할 수 있다. 샐러드나 수프, 소스 등에 리크 잎을 다져 넣으면 풍미를 더할 수 있다.

    실외에서라면 서늘한 기후에서도 키울 수 있다. 실외에서 키운 리크는 크고 풍성하게 자라 수프나 프리타타 등에 유용하게 쓸 수 있다. 리크를 심은 땅 주변을 골고루 촉촉하게 하고, 잡초를 뽑아 주어야 한다. 리크 주위로 흙을 모아 북돋아 주면(이것을 '배토hilling'라 부른다.) 흰 줄기 대가 굵고 실하게 자라 요리하기 좋다.

    리크는 자라면서 겹쳐진 층 사이로 흙이나 모래 알갱이가 들어가기도 한다. 수프를 끓였을 때 흙 알갱이가 씹지 않으려면 리크를 세로로 반을 가른 다음 십자형으로 또 갈라, 잘게 조각낸다. 그리고 체에 담아 털고 꼼꼼히 헹궈 먼지를 완벽하게 걸러 내라.

CHAPTER
4

씨앗의 토양 재배와 수중 재배

씨앗 재배는 가드닝에서 가장 자연스러운 활동이지만 음식 쓰레기로 다시 기르기 할 때 반드시 씨앗으로 해야만 하는 것은 아니다. 아무튼 씨를 남겨 두었다가 심고 수확해 먹을 수 있고, 재미로 재배할 수도 있다. 수중 재배로 시작해야 하는 씨가 있는데, 아보카도가 그렇다. 아보카도 외의 다른 것들은 전부 다 흙에서 키울 수 있다.

씨앗 속에는 새 식물이 자라나는 데 필요한 모든 것이 들어 있다. 씨앗은 그것 하나로 그야말로 모든 요구를 다 충족시켜 주는 유일한 제로 웨이스트 재료이다.

씨를 어디서 얻었느냐에 따라서 씨 재배의 수확물은 달라진다. 모든 씨앗이 다 원 열매와 동일한 열매를 산출하는 것은 아니다. 많은 가드닝 식물이 다른 두 종의 혼합물이고, 따라서 그것들의 씨에 두 종의 유전자 정보가 다 전달되지 않을 수 있다. 그렇다고 해서 다시 기르기 도전을 포기할 필요는 없다!

씨앗들은 매우 다양한데, 어떤 씨앗들은 다시 기르기 위해 반드시 거쳐야 할 추가 단계가 있는 것도 있다. 껍질을 까야 하거나(추위와 습한 기간을 거친 것) 발효나 건조시켜야 하는 것들이다. 각 식물의 씨앗 유형에 따라 준비해야 할 구체적인 지시 사항들은 앞으로 차차 설명하겠다.

아보카도 씨앗은 흙에 심기 전에 먼저 수중 재배를 한다. 99쪽의 설명을 보라.

선별 식물

- 마이크로그린 Microgreens
- 호박과 겨울호박
- 감귤류
- 토마토
- 멜론
- 고추
- 과수
- 아보카도

마이크로그린은 싹이 튼 다음 한 과정만 더 거친다.

마이크로그린

한번쯤 새싹채소에 대해 들어봤을 것이다. 그러면 마이크로그린을 키울 준비가 된 것이다! 마이크로그린은 싹 자체로 먹을 수 있을 뿐만 아니라 영양가도 더 높다. 그리고 샐러드나 샌드위치, 수프에 넣으면 예쁘고, 새싹 단계보다 더 자랐을 때는 고명으로 사용할 수도 있다. 마이크로그린은 병에서 싹을 틔운다기보다 흙에 바로 심어 키우는 씨이다. 씨를 심으면 식물이 약간 자라난다. 이 새싹을 먹는다는 것은, 싹이 트기 전 씨 안에 들어 있던 '떡잎'을 먹는 것이다. 마이크로그린은 떡잎이 난 뒤 자라는 첫 잎들 또는 '진짜 잎' 한 쌍이 날 때까지 자란다. 마이크로그린은 싹보다 영양가가 훨씬 높다.

마이크로그린으로 키우기 좋은 씨앗들

- 고수
- 회향
- 렌즈콩
- 겨자
- 참깨
- 해바라기

마이크로그린으로 키울 렌즈콩과 해바라기 씨앗은 매우 저렴하게 구매할 수 있다. 렌즈콩 수프를 만들 때, 마른 렌즈콩을 한 줌 덜어 놓았다가 심으면 된다. 해바라기 씨는 간식거리로 인기가 많은 재료이다. 다시 기르기를 할 생각이라면 껍질을 벗긴 생 씨앗을 구입하라. 마이크로그린을 진짜 좋아한다면 새 사료 가게에서 검정해바라기 씨를 구입할 수 있다. 검정해바라기 씨는 비용 대비 효율이 높지만 이것을 요리용으로 구입하는 경우는 별로 없다.

고수나 회향, 겨자, (볶지 않은) 참깨 같은 허브 씨 선반을 살펴보라. 씨앗은 종류마다 생육 기간이 다르다. 심지 않고도 다른 씨앗보다 오래 살아남는 씨들이 있다. 건조 허브의 주 용도는 재배가 아니라 요리이므로, 마이크로그린 씨들을 보관한 선반을 한번 뒤져 보라. 씨앗을 심기 전에 먼저 싹이 틀지 확인하는 발아 테스트를 해보는 게 좋다. (발아 테스트에 관해서는 24쪽 설명 참고) 테스트를 했는데 싹이 나지 않는다면, 그 씨는 너무 오래 되어 생육 능력이 없는 것이다. 괜히 그 씨앗을 심어 공간을 낭비할 필요가 없다. 발아 테스트를 해봄으로써 발아 가능한 씨앗들을 찾을 수 있다.

마이크로그린 키우는 방법

화분용 영양토와 묘판 또는 바닥에 구멍이 뚫린 플라스틱 용기, 받침 또는 물받이, 용기를 덮을 랩이나 플라스틱 덮개, 물뿌리개가 필요하다.

1. 묘판이나 플라스틱 용기에 영양토를 붓는다. [a]

2. 씨앗을 심는다. 이때 영양토 위에 씨앗을 많이 흩뿌린다.
3. 씨앗들을 영양토로 아주 살짝 덮는다. [a]

4. 흙에 물을 약간 촉촉하게 붓는다. 물을 주면 씨앗의 바깥 막(종피)이 부풀어 자랄 때가 되었다는 신호를 준다.

5. 묘판을 비닐랩이나 덮개로 덮어 수분이 증발하지 않게 한다. ⓑ

6. 묘판을 밝고 따뜻하지만 직사광선이 들지 않는 곳에 둔다.

7. 영양토의 수분을 주기적으로 확인하라. 토양을 전체적으로 촉촉하게 유지시키되 질척거릴 정도로 물을 많이 주지는 마라.

8. 마이크로그린이 발아하기 시작하면 덮개를 치운다.

재미난 사실

해바라기의 화관은 수백 개의 작은 꽃들로 구성된다. 각각의 꽃에서 씨가 나오고, 또 각각의 씨가 최고의 마이크로그린으로 자랄 수 있다.

마이크로그린은 일회성 작물이다. 한 번 따서 먹으면 다시 기를 수 없다.

수확하기!

마이크로그린은 작은 식물에 '진짜 잎'인 본엽이 두세 쌍 자랐을 때 수확하라. 일반적으로 떡잎은 본엽이 자라기 시작하면 쪼글쪼글해지지만 항상 그런 것은 아니다. 흙 바닥면의 싹들은 가위로 잘라낸다. 한번 쓴 영양토에 다시 식물을 심어도 되고, 퇴비를 줘도 된다.

마이크로그린은 샐러드나 샌드위치, 랩wraps, 수프에 추가하면 맛이 좋고, 고명으로도 아주 좋다. 이 어린잎은 '다 자란' 식물과 비슷한 풍미를 내지만 일반적으로 그보다는 약간 순한 맛을 낸다.

재배 팁

마이크로그린을 키우는 용기에는 반드시 배수 구멍이 있어야 한다. 배수 구멍이 없다면 식물이 아주 빨리 썩는다.

핼러윈 호박에서 씨앗들을 따로 보관해 두라.

호박과 겨울호박

호박의 속을 파내고 모양을 조각하는 일은 서양에서 가을이 되면 늘 하는 전통이다. 날씨가 서늘해지면 호박 또는 박을 각자의 취향에 따라 특이하게 꾸며서 장식한다. 내가 어릴 때 나의 아버지는 우리가 호박 장식을 하는 것을 도와주셨고, 어머니는 뒷정리를 하고 호박씨를 구워 주셨다. 냠냠! 이때 호박씨 한두 알을 따로 두어 싹을 틔워 보면 어떨까? 봄이 되어 퇴비 더미에 가 보면 핼러윈 이후 버린 호박등에서 커다란 덩굴이 자라고 있는 경우가 많다. 그렇다면 당신이 직접 호박씨를 깨끗이 씻어 심어본다면 더 좋은 결과가 나올 것이다.

오이와 호박, 겨울호박, 박을 포함한 호박류 식물은 자유롭게 서로 교잡수분한다. 한 종류의 동일한 호박류가 자라는 곳에 씨를 심으면 동일한 호박류가 자랄 가능성이 크다. 그러나 다양한 종류의 호박류가 자라는 곳에 씨를 심으면 매우 놀라운 현상이 벌어진다. 한번쯤 시험해 보지 않을 이유가 없다!

호박과 겨울호박 심는 방법

정원용 쇠스랑, 호박을 키울 넓이가 최소한 1.2미터에 길이는 3.6미터의 실외 공간이 필요하다 (호박 넝쿨은 실내에서 키우기에는 너무 크게 자란다). 이 정도 넓이의 땅에는 호박씨 6개에서 9개 정도를 심으면 충분하다. 토양이 좋고 따뜻한 곳에 호박을 심는다. 호박과 토마토를 같이 심을 수 있다. 가을 호박은 6월이나 7월에 심는다.

1. 호박을 심을 땅을 쇠스랑이나 경운기를 이용해 일군다.
2. 일군 땅에 15센티미터 높이의 둔덕을 만든다.
3. 둔덕 위에 호박씨 서너 개를 심는데, 씨 사이를 5~7.5센티미터 정도 떨어뜨린다. 둔덕의 간격은 씨앗의 품종에 따라 다르다. 넝쿨이 너무 많아지면 몇 개 뽑아내라!
4. 씨를 심을 때 물을 잘 준다.
5. 토양의 수분을 주기적으로 확인한다. 전체적으로 토양에 수분이 배도록 해야 하지만 질척거리지는 않게 한다.
6. 식물이 자라는 동안 한 달에 한 번 균형 잡힌 비료(10-10-10 또는 7-7-7)를 준다.

수확하고 계속 재배하기!

내가 심은 호박을 언제 따는 게 좋을까? 이건 시간문제가 아니다. 호박이 서리를 견뎌 내고 익어야 한다는 것은 잘못된 상식이다. 사실 호박이나 박은 된서리를 맞으면 엉망이 될 수 있다. 호박은 껍질이 단단해지고 전체적으로 색이 균일해지면 수확할 때가 된 것이다. 껍질에 얼룩이 지고 무사마귀가 잔뜩 난 호박은 판단하기가 어려울 수 있으나, 단단한 정도를 살펴서 수확기를 확인하라.

재미난 사실

호박꽃은 먹어도 된다!

이 호박들은 어느 정도 윤기가 돈다. 따라서 아직 딸 때가 안 된 것이다.

겨울호박은 껍질이 단단해지면 윤기가 없어진다. 다 자라지 않아 덜 익은 것들이 윤기가 난다. 따라서 수확할 때 잘 살펴야 한다. 껍질의 윤기가 사라지면 열매가 익어 딸 때가 되었음을 의미한다. 호박과 겨울호박은 어둡고 서늘하며 건조한 곳에 저장한다. 호박을 계속 키우려면 씨를 잘 보관해야 한다.

재배 팁

호박은 익기 위해 서리를 견뎌 낼 필요가 없다. 껍질이 단단해지면 바로 수확하라.

감귤 나무는 향긋한 꽃과 상큼한 열매를 내는 상록수이다.

감귤류

레몬과 라임, 탄제린은 실내에서 키우기에 아주 흥미로운 식물들이다. 다른 많은 과수들과 달리 실내에서 키워도 꽃이 피고 열매를 맺는다. 또한 과수가 아주 커야만 열매를 맺는 것도 아니다. 우리가 시장에서 사 먹는 대부분의 감귤류는 접목한 과수에서 난다. 나무의 윗부분은 다른 감귤 나무의 대목과 함께 이어붙인 품종의 것이다.

윗부분('어린 가지'라 불리는)은 이른바 잡종 식물인 것이다. 오렌지와 레몬, 라임, 그레이프프루트(자몽)는 다른 종들을 교배한 결과물이다. 다른 종들은 꺾꽂이 가지들의 영양 번식으로 유지된다. 이 말은 메이어Meyer 레몬을 심으면 감귤류 식물을 수확하게 되지만, 반드시 메이어 레몬을 수확할 수는 없다는 뜻이다. 열매는 먹을 수 있지만 너무 시큼하거나 쓸 것이다. 그래도 재배하는 재미가 있다. 진짜 사쓰마Satsuma 귤을 구해 심는다면, 확실히 원래 사쓰마 귤과 가장 비슷한 열매를 수확할 수 있다.

접목 접착부는 어린 가지와 꺾꽂이 대목이 접촉하는 부분이다. 처음 접붙이기를 하면 접착부를 사진처럼 단단히 싸매 준다.

다시 기르기를 할 때 씨를 자르지 않도록 주의하라. 사진에서 씨 하나는 잘렸지만 나머지는 온전하여 다시 기를 수 있다.

감귤류 재배 방법

화분용 영양토와 화분, 화분에 맞는 받침, 비닐랩 또는 덮개, 물뿌리개가 필요하다.

열매에서 씨를 빼내, 씨에 묻은 과육을 깨끗이 씻어 낸다. 씨를 심기 전에 보관하려면 젖은 종이 타월 두 장 사이에 넣어 비닐봉지나 플라스틱 용기에 담아 냉장고에 보관한다. 씨가 완전히 마르면 발아하지 않는다.

1. 화분에 영양토를 붓는다.
2. 한 화분에 최소한 세 개의 씨를 심는다.
3. 씨를 2.5센티미터 정도 두께의 흙으로 덮는다.
4. 영양토가 약간 촉촉해지도록 물을 뿌린다. 물이 들어가면 씨의 외층(종피)이 부풀어서, 식물이 자랄 때가 되었음을 알려 준다.

재미난 사실

그레이프프루트는 오렌지와 포멜로pomelo라는 서로 완전히 다른 두 종을 교배한 잡종이다. 루비레드는 상업적으로 처음 출시된 홍자몽의 한 품종이다.

씨앗의 토양 재배와 수중 재배

5. 화분을 비닐랩이나 덮개로 덮어 촉촉한 환경을 유지시킨다. (만일 실외에서 키우고 덮개를 덮지 않는다면, 씨가 발아하는 동안 토양의 수분을 적절하게 유지시킨다.) [a]

6. 화분을 밝고 따뜻하되 직사광선이 들지 않는 곳에 둔다.

7. 토양의 수분을 주기적으로 확인한다. 토양 전체의 수분을 촉촉하게 유지시키되, 질척거리지 않게 한다.

8. 씨에서 싹이 나오기 시작하면 덮개를 벗긴다.

수확하고 계속 재배하기!

당신의 감귤 나무에 싹이 나오면 계속 잘 자라도록 해야 한다. 당장에 꽃과 열매를 얻을 수는 없다. 감귤 나무에 꽃이 피려면 4~5년이 걸린다. 그동안 화분을 밝지만 직사광선이 들지 않는 곳에 두어 자라게 두라. (서향이나 남향 창 앞이 좋다.) 영양토를 약간 촉촉하게 유지해 준다. 식물이 활발하게 자랄 때는 감귤류 비료를 준다. (새싹이 트고 잎이 연한 초록색이 되면 활발히 자라고 있는 것이다.)

여름에는 감귤 나무를 실외에 둔다. 실내에서 키우는 식물은 스트레스를 받고, 잎진드기와 딱지로 뒤덮이게 된다. 여름철에 화분을 실외에 두면 자연적 포식자들이 그런 문제들을 해결해 준다. 화분을 일주일 정도 그늘지고 안전한 곳에 두어 식물을 튼튼하게 하라. 그 후에 해가 들고 바람이 안 드는 곳으로 옮긴다. 토양을 전체적으로 촉촉하게 유지시킨다. 기온이 섭씨 8℃ 이하로 떨어지기 전에 화분을 실내에 들여 놓아라. 식물이 더 자랄 것을 고려해서 봄이 되면 화분

실내에서 자라는 감귤 나무.

을 한 단계 더 큰 것으로 준비한다. 이전 것보다 지름이 10~15센티미터 정도 큰 것을 고르면 된다. 새 화분 바닥에 영양토를 조금 붓고 나서 분형근을 통째로 옮겨 놓으면 된다. 그다음 영양토를 채운다. 분형근의 윗부분이 화분 가장자리에서 약 2.5센티미터 아래에 오도록 심는다. 분형근을 흙 아래로 2.5센티미터 이상 깊이 묻지 마라.

감귤 열매가 익어 수확할 때가 된 것을 어떻게 알 수 있을까? 정확히 말하기는 어렵다. 단지 심은 씨앗의 원 열매의 모양을 보고 추정해서 수확하고 확인해 보는 방법밖에 없다. 감귤류 열매는 아주 못 먹을 것은 아니지만 예상보다 훨씬 시큼할 것이다. 다시 말해, 직접 키우는 감귤류는 완전히 익었다 해도 처음 씨를 얻은 원 열매보다 훨씬 더 시큼하다.

재배 팁

감귤 전용 비료는 투자할 만한 가치가 있다. 감귤류에는 특정 시기에 필요한 특정 양분이 있다. 따라서 감귤류 전용으로 만들어진 비료들을 찾아보자.

집에서 키운 토마토보다 맛 좋은 것은 없다.

토마토

잡종 교배 vs 자연 방임 수분 씨앗과 관련해 호박과 감귤류에서 설명한 내용은 토마토에도 그대로 적용된다. 에어룸heirloom 토마토들은 방임 수분되고, 비슷한 열매를 생산할 수 있는 씨앗을 낼 가능성이 높다. 에어룸 토마토의 라벨을 붙일 때 변경이 불가능하다는 규정이 있는 것은 아니다. 따라서 좀 더 작은 '에어룸 토마토' 한 상자를 사게 될 가능성도 있다.

방임 수분한 싱싱한 토마토를 재배하거나 시장에서 구입했을 때 씨를 따로 챙겨두면 좋다. 특히 아주 맛이 좋은, 라벨 없는 품종의 씨를 심으면 그 맛을 또 즐길 수 있게 된다. 이때 토마토 씨의 과육을 제거하기 위해서는 발효시켜야 한다. 씨에 남아 있는 과육은 발아를 억제시키기 때문이다.

토마토 재배 방법

화분용 영양토와 묘판 또는 화분, 받침, 플라스틱 덮개 또는 랩, 지주, 노끈이나 작은 철끈이 필요하다.

1. 묘판 또는 화분에 영양토를 붓는다.
2. 묘판의 각 칸에 씨를 두 개씩, 또는 화분의 각 구멍에 씨를 두 개씩 몇 쌍을 최소 7.5센티미터 정도 간격을 두고 심는다.
3. 씨앗을 흙으로 살짝 덮는다.
4. 흙이 약간 촉촉해지도록 물을 준다. 물은 씨의 외층(종피)이 부풀도록 돕는데, 이때는 식물이 자랄 시기가 되었음을 뜻한다.
5. 화분이나 묘판을 플라스틱 덮개나 랩으로 덮어 촉촉한 환경을 유지시킨다.
6. 묘판이나 화분을 밝지만 직사광선이 들지 않는 따뜻한 곳에 놓는다. 주변에 식물 생장촉진 램프를 설치하면 더욱 좋다.
7. 식물에 싹이 트면 덮개를 벗긴다. [a]
8. 토양의 수분을 주기적으로 확인한다. 토양을 전체적으로 촉촉하게 유지하되, 질척거리지는 않게 한다.
9. 본엽이 최소한 서너 쌍 자라게 둔다. 그다음에는 식물에 찬 기운을 쐬어 튼튼하게 하고 나서 실외 텃밭에 옮겨 심는다.

재미난 사실

토마토의 야생 원종은 페루산 덩굴 식물이다. 이것은 식물학자들에게 *Solanum pimpinellifolium* 또는 간략히 'pimp'로 알려진 야생토마토로, 껍질 깐 완두콩만 한 열매를 맺는다.

씨앗의 토양 재배와 수중 재배

과일 씨를 발효시키면서 깨끗이 씻는 방법

씨가 썩지 않도록(열매의 당분이 세균과 곰팡이를 유발할 수 있다.) 심기 전에 깨끗이 하려면, 씨를 발효시켜야 한다. 이 과정은 토마토와 가지, 호박 모두에게 적용된다.

체 또는 여과기, 유리병이나 유리 볼, 스푼, 종이 타월, 건조를 위한 발장이 필요하다.

1. 열매에서 씨를 뜬다(또는 열매를 짜서 씨를 빼낸다). 이때 씨에 과즙이 조금 묻어있어야 한다. a
2. 씨와 과즙을 뚜껑 있는 깨끗한 용기에 놓고, 이틀 내지 사흘을 둔다. b
3. 날마다 씨를 약간씩 흔들어 준다.
4. 유리병에 테이블스푼 2스푼 정도의 물을 주고 살짝 흔들어 준다.
5. 열매와 과즙을 용기에 붓는다. 씨들은 바닥에 가라앉을 것이다.

토마토 씨는 아주 작다.

6. 씨를 깨끗한 물로 씻고 체로 거른다. ⓒ
7. 깨끗한 타월 또는 종이 타월에 씨를 흩어 놓고 최소한 7일 동안 건조시킨다.

씨들이 발효되면 발장에 흩어 놓아 건조시킨다. 씨들을 하루에 한 번씩 흔들어 준다. 완전히 건조되면 깨끗한 플라스틱 봉지나 유리 용기에 담아 저장한다.

재배 팁

때로 발효된 과즙이 단단하게 엉기기도 한다. 그러면 물을 부어 덩어리를 위로 뜨게 한 다음 떠서 버려라. 엉긴 덩어리가 콧물 같이 보일 수도 있다.

수확하고 계속 재배하기!

밤 기온이 적어도 섭씨 21℃일 때 토마토를 실외에 심는다. 토마토는 따뜻한 기후를 좋아한다! 중성 식물인 토마토를 지주 또는 막대기로 둘러싸야 한다. 중성 식물(일조시간의 길이와 관계없이 꽃눈을 만들어 열매를 맺는 식물로, 중일 식물이라고도 한다 — 옮긴이 주)은 아주 크게 자라기 때문이다. 토마토는 보통 1.2미터 정도까지 자란다. 토마토가 자라는 내내 토마토 전용 비료를 준다.

토마토는 품종에 맞는 빛깔이 되었을 때, 익은 것이다. 토마토의 색깔이 예상과 다르게 되었다 해도 맛을 한번 봐라! 가장 맛 좋은 토마토에서 씨를 빼서 저장해 놓았다가 다음 해에 또 심어라!

재배 팁

토마토를 실외에 옮겨 심을 때는 맨 위의 잎 한 쌍만 제외하고 잎을 다 뜯어내라. 이 한 쌍의 잎만 흙 위로 내놓고 식물 전체를 땅 속 깊이 심는다.

호박이나 겨울호박 씨처럼 멜론의 씨도 따로 빼 놓았다가 심을 수 있다. 토마토 씨처럼 멜론 씨도 발효시켜 과즙을 깨끗이 닦아 내야 한다.

멜론

멜론은 호박, 겨울호박과 동일한 과다. 잡종인 경우가 많아서 교잡 수분한다. 따라서 시장에서 사 온 멜론 씨를 심어 키운다면, 결과를 예측할 수 없는 일종의 '모험'을 해보는 것과 같다. 공간이 충분히 있다면 식물을 키우는 일이 매우 즐겁고, 특히 예상하지 못한 결과물이 나올 때는 짜릿하다. 변종 멜론이 나왔는가? 그렇다면 나에게 알려 주세요.

멜론 씨는 심기 전에 토마토 씨와 마찬가지로 발효시켜서 과즙을 깨끗이 씻어 내야 한다 (86, 87쪽의 설명을 보라). 멜론 씨를 발효시킬 때는 언제나 발효 액체가 충분하도록 초반에 물을 조금 추가해야 한다. 멜론은 토마토만큼 수분이 많지 않기 때문이다.

멜론 재배 방법

멜론을 실외에서 재배하려면 가드닝용 쇠스랑과 넓이가 최소 1.2미터에 3.6미터 되는 공간이 필요하다. (멜론 넝쿨은 너무 크게 자라 실내에서 키우기는 어렵다.) 이 면적의 땅에는 4에서 8개 정도의 씨를 심는 게 적당하다. 땅 상태가 좋고 따뜻할 때 심어라. 토마토와 같은 시기에 심는다.

1. 멜론을 심을 땅을 가드닝용 쇠스랑으로 일군다.
2. 일군 땅 위에 15센티미터 되는 둔덕을 만든다.
3. 둔덕 위에 서너 개의 씨를 서로 5~7.5센티미터 간격을 띄우고서 심는다. 둔덕은 씨앗의 품종에 따라 간격을 두는데, 씨앗을 가게에서 사 온 멜론에서 얻은 것이라면 어떤 품종인지 정확히 알 수 없을 것이다. 나중에 넝쿨이 너무 많아지면 몇 개를 뽑아 버려라!
4. 씨를 심고 나서 물을 잘 준다.
5. 흙의 습도를 주기적으로 확인한다. 흙을 전체적으로 촉촉하게 유지시키되, 물이 질척거리게 하지는 마라.
6. 식물이 자라는 동안 한 달에 한 번씩 비료를 준다.

재미난 사실

칸탈루프Cantaloupes는 익을 때에 나는 강한 향 때문에 '사향 멜론'이라 불리기도 한다.

멜론은 크고 길쭉하다. 넝쿨이 잘 뻗어 나가도록 충분한 공간을 확보해주어야 한다.

수확하고 계속 재배하기!

멜론 씨를 심으면 꽤 흥미로운 결과를 얻을 수 있다. 수확기를 짐작할 수 있는 최선의 방법은 원식물이 무엇인지 정확히 알고서 그 식물의 '수확기'를 찾아보는 것이다. 작은 멜론 열매가 다수 열리면 주기적으로 하나를 따서 맛을 본다. 정확히 어떤 품종의 멜론인지 알 수 없으므로 맛이 좋을 수도, 그렇지 않을 수도 있다. 만일 맛이 없다면, 최소한 멜론 재배 연습을 했다고 생각하라.

재배 팁

실외에서 키우는 칸탈루프는 잎맥 조직 밑이 밝은 황갈색으로 변하면 수확할 때가 되었다는 뜻이다.

고추

고추의 품종은 수백 종에 이르지만 모두 다 학명이 '캐시컴 아늄Capsicum annuum'이라는 고추과에 속한다. 고추는 수백수천 년이 넘는 세월 동안 가정에서 재배되었다. 다양한 약 재료로 사용되었지만 식용으로도 매우 다양하게 쓰인다.

    고추에는 매운 것과 단 것이 있다. 가장 많이 먹는 고추 종류 중 하나인 피망은 열매가 완전히 익지 않고 씨가 완전히 성숙하지 않았을 때 딴다. 실제로 가게에서 사는 고추 대부분은 채종할 만큼 충분히 익거나 성숙하지 않은 것들이다. 고추 씨를 얻을 수 있는 최선의 방법은 묘판에다 직접 고추를 재배해서, 열매 한두 알을 완전히 익혀서 거의 쭈글쭈글해질 때까지 놔두는 것이다. 그즈음에 씨앗을 꺼내 종이 타월에 펼쳐 놓고 말린다.

CHAPTER 5

고추 재배 방법

혼합 상토와 묘판 또는 화분, 받침, 플라스틱 덮개나 비닐랩, 지주, 노끈이나 얇은 철끈이 필요하다.
고추는 밤 기온이 섭씨 21℃ 이상으로 꾸준히 유지될 때 실외에 심는다. 고추는 화끈한 걸 좋아한다!

1. 묘판이나 화분에 혼합 상토를 붓는다.
2. 묘판 한 칸에 씨앗 두 알을 심고, 화분에는 씨앗 두 개를 한 쌍으로 해서 최소 7.5센티미터 간격을 두고 여러 쌍을 심는다.
3. 씨앗을 흙으로 살짝 덮는다.
4. 흙이 약간 촉촉해질 정도로 물을 뿌린다. 물을 주면 씨앗의 외층(종피)이 부푸는 데 도움이 되고, 이런 현상은 식물이 자랄 때가 되었음을 알려주는 신호가 된다.
5. 화분이나 묘판을 플라스틱 덮개나 비닐랩으로 덮어 수분을 유지시킨다.
6. 화분이나 묘판은 밝지만 직사광선이 들지 않는 따뜻한 곳에 둔다. 이때 식물 생장촉진 램프를 켜 두면 더욱 좋다.
7. 싹이 나오면 덮개를 치운다. [a]
8. 흙의 수분을 주기적으로 확인한다. 흙이 전체적으로 촉촉하되 질척거리지 않도록 한다.
9. 본잎이 최소한 서너 쌍 자랄 때까지 둔다. 그때가 되면 식물에 찬 기운을 쐬어 주고, 실외 정원으로 옮겨 심는다.

씨앗의 토양 재배와 수중 재배

수확하고 계속 재배하기!

고추는 수확할 때와 먹을 때 상태가 아주 다르다. 거의 모든 고추는 초록색일 때 따서 먹을 수 있지만 이때 맛이 쓸 수 있다. 종류별로 다 익었을 때가 어떤 색깔인지 알아두고, 그 색깔이 되었을 때 따는 게 좋다.

고추는 껍질이 약간 주름졌을 때가 완전히 익은 것이고, 채종을 위해 수확할 때이다.

재미난 사실

스코빌 지수는 고추의 매운 정도를 나타낼 때 사용된다.
고추 속의 매운 맛을 내는 화학물질의 농도를 0(피망)에서부터 3,200,000(캐롤라이나 리퍼와 드래곤스 브레스 페퍼)까지 측정한다. 헉!

재배 팁

매운 고추를 만질 때는 장갑을 끼고, 고추를 만진 손으로 눈을 비비지 마라. 나는 이 조언을 여러 번 상기시킨다. 아주 여러 번.

CHAPTER 5

열매가 달린 어린 사과나무

과실나무 씨

어떤 씨들은 차고 습한 환경을 거치는 과정이 필요한데 이 과정을 '냉층stratification'이라고 한다. 야생에서는 이런 과정이 자연스럽게 진행된다. 즉 씨가 땅에 떨어져 춥고 습한 겨울 동안 땅바닥에 있다가 봄에 싹을 스스로 틔운다.

또 어떤 씨들은 종피scarification 과정이 필요하다. 이 과정은 동물에게 먹힌 씨앗이 동물의 소화 기관을 거친 후 밖으로 나올 때 일어난다. 으흠! 동물의 위산이 종피를 분해한다. 아니면 당신이 직접 씨앗 껍질을 깎든가 벗겨 내면 된다.

대부분 과실나무의 씨는 이 두 가지 중 하나 또는 두 개의 과정을 거쳐야 한다.

사과 씨와 배 씨

사과와 배는 감귤류와 마찬가지로 접목한 나무의 열매이다. 따라서 그래니스미스 애플에서 나온 씨도 발아하지 않고, 원 식물과 같은 그래니스미스 애플을 맺지 못한다. 그럼에도 사과 열매가 맺히기는 한다!

사과나 배에서 씨를 수확하기는 쉽다. 열매에서 씨를 빼내서 씨앗에 붙은 과즙을 닦아내기만 하면 된다. 이렇게 씨앗을 씻어서 말린 후 1, 2월까지 서늘하고 건조한 곳에 따로 둔다.

이 씨앗들은 싹을 틔우기 전에 냉충 과정을 거쳐야 한다. 이것은 자연 상태의 열매가 겪는 과정을 따라하는 것이다. 사과는 나무에서 떨어져 땅바닥에서 겨울을 지낸다. 또는 열매와 씨가 동물에게 먹힌 다음 씨는 배설되어 땅 위에서 겨울을 보낸다. 어떤 경우든 차고 습한 환경에서 씨는 발아한다. 집에서 이 과정을 모방하는 방법은 다음과 같다. 가드닝 용품점에서 구할 수 있는 물이끼나 잘게 찢은 종이 타월, 그리고 유리병이 필요하다.

1. 유리병에 물이끼나 잘게 찢은 종이타월을 넣고 씨앗들과 섞은 다음, 아주 약간만 촉촉해지도록 물을 조금 뿌린다.
2. 유리병에 뚜껑을 덮어 냉장고에 넣는다.
3. 유리병을 최소 2달 동안 또는 봄에 마지막 서리가 내릴 때까지 냉장고에 둔다.

이제 씨앗들을 심을 준비가 되었다! 모든 과실나무는 햇빛과 수분이 있고 배수가 잘 되며 약산성을 띠는 토양에서 잘 자란다. 실외에서 키우려면, 먼저 화분에서 키우기 시작해 나무가 60~90센티미터 정도 자랐을 때 실외에 옮겨 심는다.

핵과류 씨앗

체리와 복숭아, 천도복숭아, 자두 같은 핵과류 씨앗도 발아하기 위해서는 차고 습한 환경을 거쳐야 한다. 더구나 이런 씨앗들은 외피가 아주 단단하기 때문에 더 빨리 발아시키기 위해서 외피를 깨야 한다. 따라서 사과 씨와 배 씨 부분에서 설명한 대로 차고 습한 환경 처리를 해준 다음에, 호두까기를 이용해 외피를 살짝 깨서 심어야 한다. 이때 씨앗을 완전히 부수지 않도록 조심해야 한다. 안에 있는 배아가 으깨지면 가장 중요한 발아가 되지 않는다.

단단한 복숭아 씨의 외피를 깨려면 호두 까는 기구를 사용해야 한다.

과실나무 씨앗 기르기

혼합 상토와 화분, 물받이, 호두까기, 물뿌리개가 필요하다.

1. 씨를 심어 흙의 층 사이에 둔다. 이런 냉층 과정은 차고 습한 환경에 씨를 두어서 휴면 상태의 씨를 깨워 발아를 촉진하는 것이다(96쪽 참고).
2. 씨앗이 발아하는 동안 흙의 물기를 계속 확인하라. 그동안 흙이 완전히 마르지 않게 해줘야 한다.
3. 식물이 적어도 15센티미터 정도 자랄 때까지는 화분에서 키워라. 과실나무는 실내보다 실외에서 키울 때 결과가 더 좋다.[a]

수확하고 계속 재배하기!

과실나무가 적어도 15센티미터 높이로 자랐다면 실외로 옮겨 심어야 한다. 모든 과실나무는 배수가 잘 되는 토양과 하루 일조량이 적어도 6~8시간은 되는 곳에서 키워야 한다.

과실나무는 병충해 방지를 위해 매우 구체적인 필요 조건들이 있다. 과실나무를 크게 키워볼 계획이라면 정보를 더 찾아봐야 한다.

씨앗이 과실나무로 자라 꽃을 피우고 열매를 맺기까지 여러 해가 걸릴 수 있다. 어떤 열매가 맺힐지는 알 수 없다. 그냥 나무가 자라게 두고 피어나는 꽃을 보면서 즐겨라. 그리고 열매가 맺히면 그 열매를 먹어 보라. 열매를 가리키면서 "내가 씨를 심어 키운 거예요!" 하고 자랑스럽게 말할 수 있을 것이다.

재미난 사실

원산지가 열대지역인 과실나무는 상록수인 반면에 그보다 추운 지역이 원산지인 과실나무는 낙엽성을 띤다.

재배 팁

대부분의 과실나무는 열매를 맺기 위해서 다른 나무와 교잡 수분해야 한다. 교잡 수분한 나무들은 같은 시기에 꽃을 피워야 한다. 이것 또한 집에서 씨를 심어 열매를 얻을 때 알아야 하는 몇 가지 복잡한 조건 중 하나이다. 사실, 이런 조건이 필요 없는 과실나무는 몇 안 된다. 천도복숭아나 복숭아, 산과 앵두나무를 한 번 심어 보라.

CHAPTER 5

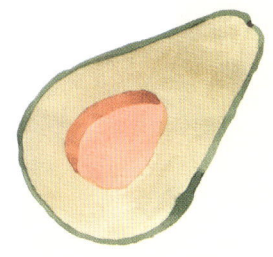

아보카도

상업용 과수원에서 키우는 아보카도 나무들은 감귤류나 사과 등의 다른 과실나무와 마찬가지로 접목한 나무들이다. 윗부분은 아보카도 품종이고 아랫부분은 뿌리줄기이다. 아보카도 씨를 키우면 감귤류 나무를 키울 때와 마찬가지로 아보카도를 끊임없이 공급받을 수 있으며, 즐겁고 멋진 실내 화초를 재배하는 기쁨을 누릴 수 있다.

    아보카도는 기온이 영하 6℃ 이하에서는 자라지 않으면서도 저온 내한성 품종이다. 아보카도는 어디에서 키우든 열매를 맺으려면 5년에서 15년이 걸린다. 또한 교잡 수분했을 때 가장 잘 자란다. 이 말은 아보카도 나무가 두 그루 필요하다는 뜻이다. 다 자란 과실나무 두 그루를 집 안 어디에다 둘 계획인가? 운이 좋아 아주 넓은 온실이 있는 게 아니라면 꽃이 활짝 핀 나무들을 키울 만큼 실내 공간이 넓지는 않을 것이다. 그리고 아보카도 씨를 심어 나무로 키운다고 해도 두 나무가 같은 시기에 꽃을 피우지 않거나, 전혀 꽃을 피우지 않을 수 있다. 또는 두 그루가 서로 맞지 않을 수 있다. 그러면 열매를 얻을 수 없다.

간단히 말해, 아보카도 씨는 결과를 예측할 수 없는 열매를 얻기 위함이 아니라 그저 식물 재배의 즐거움을 얻을 목적으로 심어야 한다. 아보카도 씨를 심는 방법은 다음과 같다.

아보카도 씨 재배 방법

스펀지 하나와 이쑤시개 서너 개, 유리컵이나 튼튼한 플라스틱 컵 또는 둥근 병, 그리고 화분, 혼합 상토, 물 받침대가 필요하다.

1. 아보카도 씨를 깨끗이 닦는다. 간단히 물로 씻으면서 씨에 붙은 과육을 제거할 수 있다. 끈적이는 과육이 남아 있다면 스펀지 모서리를 이용해 제거한다. [a]

2. 씨의 위와 아래를 확인한다. 일반적으로 씨의 아랫부분이 윗부분보다 조금 넓다. 윗부분이 뾰족한 것도 있다. (열매에서 씨를 빼내기 전에 씨 윗부분에 살짝 흠을 내 표시해둘 수 있다. 열매의 윗부분을 구분하는 것이 훨씬 쉽다.)

3. 아보카도 씨 중간쯤에 이쑤시개를 서너 개 꽂는다. 일정한 간격을 두고 꽂는다. 이쑤시개가 씨를 유리컵의 일정한 위치에 고정시키는 역할을 한다. [b]

4. 유리컵에 실온의 물을 채운다. 컵 상단에 약간 못 미칠 정도로 물을 채운다. 이때 컵의 크기는 상관없다.

5. 이쑤시개를 꽂은 아보카도 씨를 컵에 넣는데, 씨 아랫부분이 물에 잠기게 한다.

6. 컵을 따뜻하지만 직사광선이 들지 않는 곳에 둔다. 컵의 물을 일주일에 한 번 정도 갈아 주어 세균과 곰팡이가 생기지 않도록 한다. 새로 갈아주는 물의 온도가 실온과 같은지 확인해야 한다.

계속 재배하기!

아보카도 씨의 아랫부분에서는 곧은뿌리가 나고, 윗부분에서는 순(줄기)이 돋는다. 씨가 갈라지기 시작할 때 씨 윗부분에서 줄기가 자라나는 것을 볼 수 있다. 씨 아랫부분과 곧은뿌리가 자라는 동안 물을 계속 공급해 줘야 한다.

줄기가 나기 시작하면 식물을 좀 더 밝은 곳으로 옮겨 준다.

식물이 15~30센티미터 정도 자라면 지름이 30센티미터 내의 화분에 옮겨 심는다. 씨 윗부분은 그대로 공기 중에 노출시키고, 흙으로 씨 전체를 덮지 않도록 한다.

흙을 약간 촉촉하게 해주고, 가능하면 최대한 많이 햇빛을 쬐게 해준다. 여름에는 화분을 실외에 둔다. 다만 완전히 야외 환경에 내놓기 전에, 식물이 찬 기운을 쐬어 튼튼해질 수 있도록 하루 이틀 정도 기온과 습도가 적정한 장소에 둔다.

실외에서 크게 키우지 않고 실내용 화초로 작게 키우려면 식물이 30~45센티미터 정도 자랐을 때 뒤쪽을 다듬어 준다. 이렇게 하면 싹이 더 잘 자란다. 가지 끝을 잘라내어 크기를 일정하게 유지할 수 있다. 공간에 비해 식물이 너무 크게 자라거나 가지치기로 보기가 안 좋아지면, 새로운 씨로 처음부터 다시 시작하면 된다!

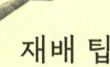

재배 팁

아보카도 씨는 마르게 두면 안 된다. 열매에서 씨를 빼낸 후 즉시 심어야 한다. 아니면 심기 전까지 젖은 종이 타월에 씨를 싸서 용기에 잘 보관해야 한다.

CHAPTER 6
식물 전초와 줄기 수중 재배

저녁 반찬으로 먹으려고 사온 로메인 상추 윗부분을 오래 키우고 싶은가? 다시 기르기 하라! 어떤 식물들은 흙에 심어 키우듯이 물에서 재배할 수 있다. 어떤 식물들은 흙에서나 물에서나 동일하게 잘 자라고, 또 어떤 식물은 둘 중 한 쪽에서 더 잘 자란다. 물에서 키우는 수중 재배는 뿌리가 자라는 것을 쉽게 확인할 수 있다는 장점이 있다. 식물의 뿌리가 잘 보이도록 투명한 유리 또는 플라스틱 용기에서 키우거나 또는 용기에서 잠시 꺼내 그 길이를 확인할 수 있다. 또한 수중 재배는 흙에서 키우는 것보다 주변이 덜 지저분해진다는 장점이 있다.

식물의 뿌리가 자라면 흙에 옮겨 심을 수 있다. 아니면 그냥 두고 식물의 수명이 다할 때까지 생산되는 것을 수확할 수 있다. 어떤 식물들은 흙에서 애써 계속 키울 가치가 있지만 또 어떤 식물들은 수중 재배하는 짧은 기간 동안만 수확한 다음, 퇴비 더미로 보내는 게 더 실용적일 수 있다. 예를 들면, 리크는 수중 재배하면 2년째에 좀 더 크게 수확할 수 있다. 반면에 상추는 새 잎에서 소량의 채소를 수확할 수 있지만 꽤 빨리 꽃을 피운다(꽃대가 올라온다). 꽃을 핀다는 것은 버릴 때가 된 것을 의미한다.

대부분 식물을 수중 재배해서 좋은 점은 노력이 아주 적게 들고, 수확이 적은 대신 시간도 적게 든다는 것이다. 수중 재배 방법을 이제부터 설명하겠다.

선별 식물

- 상추 (그리고 배추와 같은 결구 채소)
- 셀러리
- 골파
- 회향
- 레몬그라스
- 허브 줄기
- 파인애플

왼쪽부터 오른쪽 순으로 수중 재배하는 상추, 고구마 가지, 셀러리이다.
상추와 셀러리는 다시 기르기 쉬운 대표적인 전초이다.

상추 결구의 끝을 버리지 마라. 물에 담가 다시 기르기 하라!

상추

결구 상추는 다시 기르기 쉽다. 로메인 상추, 버터 헤드 상추, 그린 상추, 레드 상추 모두 다 탁월한 선택이다. 이것들은 자투리 채소로 주방 가드닝을 할 때 쉽게 선택할 수 있는 채소들이다. 실제로 이것들은 그냥 둬도 잘 자란다. 결구 여러 개를 한 용기에 두고 키울 수도 있다. 뿌리 내리기를 하고 싶다면, 줄기 아랫부분 또는 뿌리가 붙어 있는 로메인 상추나 수중 재배 상추를 사라.

    결구 상추로 뿌리 내리기를 하면 새 뿌리가 나올 수도, 나오지 않을 수도 있지만 어느 경우든 결구 하나당 보통 8장에서 10장의 잎을 더 얻을 수 있다. 얻을 수 있는 잎의 수는 식물의 종류마다 다르다. 잎의 크기는 원 잎보다 크지는 않겠지만 샌드위치나 샐러드에 넣어 먹기에 충분하다. 때때로 식물 아랫부분의 속심이 썩을 수도 있다. 그럴 경우에는 그냥 퇴비 더미에 던져라.

CHAPTER 6

상추 다시 기르기 방법

컵이나 우묵한 그릇, 잘 드는 칼, 이쑤시개(선택 사항)가 필요하다.

1. 유리컵이나 그릇에 물을 2.5센티미터 정도 높이로 채운다.
2. 상추 결구 끝을 7.5센티미터 정도 남게 자른다. 이때 새 잎이 계속 자라는 데 필요한 생장점을 자르지 않도록 조심해야 한다. ⓐ
3. 선택 단계: 상추를 용기 바닥에 닿지 않고 뜨게 하려면 상추에 이쑤시개 서너 개를 아래서 2.5센티미터쯤 위쪽에 같은 간격으로 띄워 꽂는다. 이쑤시개를 컵 가장자리에 걸치게 하여 상추를 바닥에서 뜨게 한다.
4. 상추를 물에 넣는다. 상추를 컵 바닥에 바로 놓든 이쑤시개를 꽂아 중간에 뜨게 하든 물이 바닥에서 2.5센티미터 이상 올라오지 않게 한다. ⓑ

5. 컵을 밝고 직사광선이 들지 않는 곳에 둔다. 빛이 밝고 오래 들수록 상추 잎이 더 크고 푸르며 맛도 좋아진다.
6. 컵의 물을 이틀에 한 번씩 갈아 준다.

수확하고 계속 재배하기!

상추 잎이 웃자라기 전까지, 새로 난 잎들을 잘라 샐러드나 샌드위치에 넣어 먹어라.

재미로 또는 실험 삼아, 뿌리가 자란 상추를 실외에 심어 꽃이 피울 수 있도록 씨를 받아 놓아라. 그 씨를 심어 얻을 수 있는 결과물은 원 식물이 자연 방임 수분인가 아니면 교잡 제1대인가에 따라 다르다. 어떤 경우든 식물의 전 성장주기를 살펴보는 일은 항상 즐겁고, 먹을 수 있는 무언가 — 아마도 예상하지 못한 것 —를 수확할 수 있다.

재미난 사실

상추의 원산지는 지중해 지역이다. 줄기가 길고 두꺼우며 잎이 뾰족한 품종들이 고대 이집트 무덤에 그려져 있다. 오늘날 우리가 먹는 로메인 상추는 이 고대 품종과 매우 가까운 것 같다. 결구 상추의 일종인 '아이스버그 상추'는 1941년에 개발되었다. 첫 번째 결구 상추 품종인 '그레이트 레이크스' 상추는 지금도 재배되고 있다.

재배 팁

상추는 여름처럼 하루 일조 시간이 12시간 이상일 때 꽃봉오리를 맺는 '장일 식물'이다. 일조 시간이 이처럼 길 때 씨도 받을 수 있다. 여름철 열기는 상추를 웃자라게 할 수도 있는데, 상추가 서늘한 기후에서 잘 자라는 채소이기 때문이다. 그래서 상추를 실외에서 다시 기르기 할 때 씨를 얻을 수 있는 최적기는 늦봄에서 초여름이다.

셀러리를 다시 기르기 하려면 아랫부분이 상하지 않는 포기째로 사야 한다.

셀러리

셀러리는 다시 기르기에 제격인 채소 중 하나이다. 시장에서 사온 셀러리 포기는 상하지 않은 이상 오래 살면서 새 생명을 낼 수 있다. 줄기들 사이에 덮여 있는 생장점에서 새 잎들이 쉽게 자랄 수 있다. 포기에서 따로 떨어져 있는 셀러리 줄기는 다시 심을 수는 없다. 셀러리 줄기는 사실 싹이 없는 잎꼭지이다.

    셀러리는 수프나 캐서롤 찜, 샐러드의 주요 재료가 된다. 아삭한 저칼로리 식재료로서 셀러리만 한 게 없을 것이다. 셀러리를 다시 기르기 하면 새로 돋아난 줄기의 향이 원래 사온 셀러리의 향보다 훨씬 강하다는 사실을 알게 된다.

셀러리 다시 기르기 방법

컵이나 유리 그릇, 잘 드는 칼이 필요하다.

1. 컵이나 유리그릇에 물이 바닥에 2.5센티미터 정도 차게 붓는다.
2. 셀러리 포기 아랫면이 7.5센티미터 정도 남도록 깔끔하게 자른다. 단면 중앙에서 식물이 자랄 것이다. ⓐ
3. 자른 셀러리 동강을 물에 넣는다. 동강이 2.5센티미터 이상 물에 잠기지 않게끔 한다. ⓑ
4. 컵 또는 유리그릇을 밝고 직사광선이 들지 않는 곳에 놓는다. 밝은 빛을 오래 쬘수록 새로 나는 셀러리 줄기가 더 푸르고 오래 간다.
5. 하루나 이틀에 한 번씩 물을 갈아 준다. 그러지 않으면 물이 탁해지고 냄새가 나므로 이 단계를 특히 잘 지켜야 한다.
6. 새 줄기가 자라는 동안 썩은 줄기는 잘라 내 깔끔하게 정리한다.

재배 팁

셀러리는 서늘한 기후에서 잘 자라는 식물이다. 실외에서 다시 기르기 하려면, 봄이나 가을에 심어라. 늦여름에 심고 서리가 내리기 전 늦가을에 수확하면 이기작(같은 땅에서 동일한 농작물을 1년에 두 번 심어 가꿈 — 옮긴이 주)으로 큰 성과를 얻을 수 있다.

재미난 사실

셀러리가 블러디 메리 칵테일의 주재료가 된 일화가 있다. 한 참을성 없는 고객이 바텐더가 칵테일 막대를 가져다주기를 기다리다 못해 셀러리 줄기 하나를 집어 음료를 휘저은 이후로, 셀러리가 블러디 메리 칵테일에 빠질 수 없는 재료가 되었다고 한다. 이게 사실이건 아니건, 오늘날 블러디 메리 칵테일은 셀러리 줄기가 있어야 완성된다.

수확하고 계속 재배하기!

뿌리가 나오기 시작하면 셀러리를 흙에 옮겨 심을 수 있다. 뿌리가 자란 식물을 1.3센티미터만 내놓고 흙에 묻는다. 새 줄기가 자라면 기존의 줄기들은 흙으로 살짝 덮어 준다(이렇게 해야 화분에 초파리들이 꼬이지 않고, 깔끔하게 정리가 된다).

셀러리는 물을 많이 먹으므로 흙을 촉촉하게 유지시키되, 흠뻑 젖게 하지는 마라. 필요한 만큼 줄기를 잘라 쓰면 되는데, 계속 자라도록 한두 줄기는 남겨 두라. 어느 시기가 되면 중앙에서 꽃대가 자란다. 그것이 자라 꽃을 피우게 하고, 꽃에서 나온 씨를 받아 요리해 먹을 수도 있다. 또한 그 씨를 심어 셀러리 전초를 키워 볼 수 있다.

골파

골파(흔히 '봄양파'라고도 알려져 있다.)는 짭짜름한 후식에 풍미를 더한다. 그러나 가격이 비싸고 빨리 시들며 쉽게 끈적끈적해질 수 있으므로, 주방 조리대 한 켠에서 키워 그때그때 신선한 것으로 구할 수 있다면 아주 좋을 것이다.

    골파는 거의 언제나 묶음으로 판매되지만 각각의 골파 한 대가 완전한 전초이다. 아랫부분이 뿌리이고, 그 위로 흰색의 줄기와 잎이 이어져 있다. 골파는 물 또는 흙에서 쉽게 다시 기르기 할 수 있다. 물에서 뿌리를 키운 다음 흙에 옮겨 심어 장기간 수확할 수 있다. 또는 처음부터 흙에서 재배할 수 있다. 골파를 기르는 방법은 68쪽에서 설명한 리크 재배 방법을 그대로 따라하면 된다. 여기서는 흙에서 키우는 것보다 깔끔하게 키울 수 있는 수중 재배 방법을 설명하겠다.

CHAPTER 6

이 골파들은 흙에서 다시 기르기 한 것이고, 바로 먹을 수 있을 만큼 자란 것이다!

골파 다시 기르기 방법

컵이나 넓적한 그릇, 잘 드는 칼, 약간의 조약돌이 필요하다.

1. 맨 아래쪽 뿌리에 붙은 줄기를 2.5센티미터 정도 남기고 줄기를 자른다. ⓐ
2. 컵 또는 그릇 바닥에 1.3센티미터 또는 2센티미터 높이로 깨끗한 자갈들을 깐다.
3. 컵 또는 그릇에 물을 부어 자갈을 1.3센티미터 정도 덮는다.

식물 전초와 줄기 수중 재배

b

4. 자갈 사이에 골파 밑동을 놓는다. 이때 골파가 반쯤 물에 잠기도록 해야 한다. b
5. 컵 또는 그릇을 밝고 직사광선이 들지 않는 곳에 둔다. 밝고 빛이 오래 들수록 골파가 오래 간다.
6. 이틀에 한 번씩 물을 갈아 준다.

수확하고 계속 재배하기!

새로 난 어린잎을 잘라 수프에 넣어 먹거나 샌드위치나 샐러드에 넣어 향을 더하라.
　골파 뿌리를 화분이나 실외에 심어 오래 키우면 계속 수확해 먹을 수 있다. 골파는 서늘한 기후에서 잘 자라므로 실외에 심을 때는 봄이나 가을에 심는다.

재미난 사실

1864년 남북전쟁 때 율리시스 S. 그랜트 장군이 한 유명한 말이 있다. "양파 없이는 부대를 이동시키지 않겠다!" 당시에 군인들에게 식량을 조달하는 일은 어려웠고, 양파는 식료품뿐만 아니라 의약품으로도 사용되었다.

CHAPTER 6

112

회향

감초 맛이 나는 회향은 지중해 요리에 많이 쓰이는 재료이다. 꽃, 씨를 포함해 회향 전초가 식용 가능하다. 만약 여러분의 집에 향신료 선반이 있다면 회향이 있을 것이다. 요리할 때 쓰는 신선한 회향은 양치류의 잎 끝이나 아삭아삭한 잎 아랫부분(하얀색 구근)이다.

회향은 셀러리와 비슷한 방식으로 자란다. 둘 다 생장점이, 우리가 일반적으로 먹는 부분인 변형 잎들에 둘러싸여 있다. 회향을 다시 기르기 하려면 구근 아랫부분이 상하지 않

이 사진은 반으로 자른 회향의 구근이다. 구근 안쪽에 생장점이 보인다. 앞서 언급했지만 구근은 변형된 줄기이다.

식물 전초와 줄기 수중 재배

고 온전한 것으로 사라.

지금 당장 요리하는 데 회향을 쓰지 않는다면, 회향은 실내에서 다시 기르기 할 수 있는 매우 예쁜 화초라는 사실을 기억하라.

회향 다시 기르기 방법

컵이나 넓적한 그릇, 잘 드는 칼, 알코올, 이쑤시개(선택 사항)가 필요하다.

1. 회향의 구근이 상하지 않도록 구근을 포함해 5센티미터 정도 남기고 자른다. ⓐ
2. 컵이나 그릇에 물을 붓는다. 구근의 반이 물에 잠겨야 하므로, 유리컵을 사용한다면 컵에 물을 가득 채우고, 이쑤시개를 이용해 구근을 뜨게 한다. 컵이나 그릇을 이용한다면, 물을 바닥에 2.5센티미터 정도만 채운다.
3. 회향을 물에 넣는다. (이쑤시개를 이용한다면 구근 바닥과 꼭지 사이 중간 지점에 이쑤시개를 꽂는다.) 구근이 2.5센티미터 이상 물에 잠기지 않게 한다. ⓑ
4. 용기를 밝고 직사광선이 들지 않는 곳에 놓는다. 빛이 밝고 오래 들수록 식물이 오래가고 잎도 많이 난다.
5. 물을 이틀에 한 번씩 갈아 준다.

뿌리가 자라면 화분이나 실외에 옮겨 심는다.

수확하고 계속 재배하기!

구근이나 억센 잎 아랫부분 외의 기다란 잎만 사용하길 원한다면 기다란 잎을 잘라 쓰고, 구근은 그대로 두고 계속 키우면 된다.

구근에서 새 뿌리가 자라거나 순이 나면 흙에 옮겨 심어도 된다. 식물을 1.3센티미터 정도 남겨 두고 흙에 묻어 두었다가 새 줄기가 서너 개 자라면 완전히 흙으로 덮는다.

회향은 최종적으로 꽃을 피우고 씨를 내는데, 회향 씨를 요리에 사용하면 아주 좋다. 그리고 회향은 같은 시기에 꽃을 피우는 같은 과의 다른 식물(당근이나 딜 같은)과 교잡 수분하므로, 심었을 때 새 씨를 얻을 수도 얻지 못할 수도 있다. 새 씨를 얻지 못하면 요리에 사용하는 게 좋다.

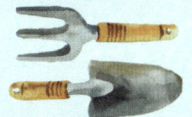

재미난 사실

그리스어로 회향은 'Maratho'이다. 그리스 아테네 남쪽에 있는 도시 마라톤(Marathon)은 그 지역에 있는 회향 밭을 따서 붙여진 이름이다. 26.2마일(약 42.195킬로미터)의 달리기 경주는, 기원전 490년 경 침입한 페르시아군에 맞서 그리스군이 승리했다는 소식을 전하려고 마라톤에서부터 아테네까지 26.2마일을 달려간 페이디피데스Pheidippides의 일화로 인해 마라톤 도시의 이름을 따서 '마라톤'이라 불린다.

재배 팁

회향은 배수가 잘 되어 거의 마른 땅을 좋아한다. 화분이나 실외에서 키운다면 흙이 완전히 마른 것을 확인한 후 물을 주어라.

식물 전초와 줄기 수중 재배

허브 가지 수중 재배는 쉽고 재미있다.

꺾꽂이용 허브 가지

허브 가지는 수중 재배로 뿌리를 내리기에 최고로 좋은 식물이다. 꺾꽂이용 가지는 총 길이가 7.5~10센티미터 정도 되는 줄기로, 생장점이 온전하고 잎이 한두 쌍 있으며 아래쪽 줄기가 약 2.5~5센티미터 정도 남아 있어야 한다. 꽃이 피지 않은 부드러운 줄기를 살펴보라. 집 마당에서 직접 줄기를 꺾으려면 신선하고 어린 가지들이 많이 나는 봄이나 초여름이 이상적이다. 장을 볼 때 허브를 구입할 계획이라면 줄기가 깨끗한 것으로 골라라. 가지가 너무 가늘면 요리용과 다시 기르기용 모두에 적합하지 않다.

    대부분의 허브는 다시 기르기 과정이 동일하다. 다시 기르기에 좋은 허브들이 몇 가지 있다.

- 바질
- 레몬밤
- 오레가노
- 세이지
- 고수
- 박하
- 파슬리
- 백리향

허브 가지 다시 기르기 방법

투명한 유리병(뿌리가 자라는 모습이 잘 보이도록)과 깨끗한 물, 깨끗한 수건, 가위, 리졸 또는 이소프로필 알코올이 필요하다.

재배 팁

바질은 옮겨 심기하면 여름 내내 잘 키울 수 있다. 바질을 한두 주 흙에서 키운 뒤에는 끝부분을 잘라 실내로 들여와 뿌리 내리게 한다.

[a]

1. 유리병을 닦는다. (가지를 썩게 하는 세균이나 곰팡이가 침입하지 않도록) 깨끗한 수건으로 유리병의 물기를 완벽히 닦는다.

2. 유리병에 실온의 물을 채운다. (뚜껑을 덮어두었던) 염소 처리된 물은 하루 이틀 전에 받아 두었다가 사용한다.

3. 가위를 리졸이나 이소프로필 알코올로 소독한다.

4. 가지를 아래에서 5~7.5센티미터 정도까지 물에 잠기게 할 것이므로 잎들을 제거한다. 줄기 가까이에서 잎들을 떼어낸다. [a]

재미난 사실

고수 씨는 고수 잎에서 채취한다는 사실을 아는가? 고수 씨와 고수 잎은 전혀 다른 향을 낸다. 고수 잎을 심어 꽃을 피우면 고수의 또 다른 부분도 수확해 요리에 사용할 수 있다.

ⓑ

5. 가지 아랫부분을 흐르는 수돗물 아래에서 깨끗이 자른다.
6. 허브 가지를 곧바로 물병에 꽂는다. ⓑ
7. 유리병을 오후의 직사광선이 들지 않으면서 밝은 곳에 둔다.
8. 물을 하루 또는 이틀에 한 번 갈아 신선하게 유지해 주고, 세균이나 곰팡이가 생기지 않도록 주의한다.

수확하고 계속 재배하기!

허브 식물의 꺾꽂이 가지는 아주 쉽게 뿌리를 내린다. 다만 식물의 종류에 따라 뿌리를 내리기까지 필요한 시간이 다르다. 어떤 것은 4~5일 정도밖에 안 걸리지만 또 어떤 것은 2주 이상이 필요하기도 하다. 연한 가지가 로즈메리나 세이지 같이 단단한 가지보다 더 빨리 뿌리를 내리기 쉽다.

챕터1에서 다뤘듯이 허브는 두 부류로 나뉜다. 1년생 또는 2년생이 한 부류이고(고수 잎, 바질, 파슬리), 다년생이 또 한 부류이다(박하, 세이지, 로즈메리). 키우는 식물이 어떤 종류인지 알아야 어떤 결과물을 기대할 수 있는지도 알 수 있다.

많은 잎을 수확하고 싶다면 화분에 심어 실내 또는 실외에 두라. 새 잎이 나기 시작하면 한두 잎씩 따서 바로 요리에 이용할 수 있다.

1년생 허브라면 꽃을 피우고 씨도 얻을 수 있다. 그다음에는 원칙적으로 퇴비 더미로 가게 된다. 다년생 허브는 계속 키울 수 있다. 겨울에는 성장을 멈추었다가 봄이 되면 다시 잎을 틔운다. 허브는 어떤 종류든 해가 잘 드는 실외에서 잘 자란다.

바질은 햇빛이 잘 드는 실내에서 잘 자란다.

재배 팁

허브는 빛을 상당히 많이 필요로 하는 식물이다. 따라서 화분에 심어 실내에서 키울 계획이라면 작은 식물 생장촉진 램프를 하나 구입하라. 그렇지 않다면, 화분을 밝고 볕이 잘 드는 창턱에 놓아두라. 그러면 뿌리가 더 잘 내린다! 여름에 식물을 화분에 새로 심었다면, 화분에서 어느 정도 자란 다음에 실외 정원으로 옮겨 심는 게 좋다. 정원에 옮겨심기 전에 서서히 찬 기운을 쐬어 식물을 튼튼하게 해주는 것이 중요하다. 화분을 하루나 이틀 정도 바람이 들지 않고 어느 정도 그늘이 진 곳에 둔다. 그다음에 정원에 옮겨 심어라.

식물 전초와 줄기 수중 재배

파인애플을 사면 한 번에 두 가지, 즉 과일 하나와 그 위에 붙은 새 식물을 얻을 수 있다.

파인애플

파인애플을 다시 기르려고 한다면 당신은 '식물 다시 기르기'에 정말로 재능이 있다는 뜻이다. 몇 번 시도해 봐야 결과를 얻을 수 있으니, 첫 시도에서 고배를 마신다 해도 실망하지 마라.

  파인애플을 다시 기르는 일은 식물 전체, 즉 전초를 다시 심는 것과 같다. 파인애플은 파인애플과bromeliad family에 속한다. 파인애플과의 많은 식물은 중심에 꽃이 필 때 새로 난 어린 식물을 재배하여 번식시킨다. 파인애플의 맨 윗부분은 마치 새끼 식물과 같다. 거기서 꽃이 피고 우리가 잘 아는 파인애플 열매가 맺힌다. (이렇게 되기까지 여러 해가 걸릴 수 있다.)

  파인애플 재배는 "고투자 = 고수익"이라는 공식을 따른다. 작은 파인애플을 심어 새 파인애플을 수확하기에 이르면 큰 자부심을 느낄 수 있다. "내가 이걸 키웠어!"라고 자랑스럽게 말할 수 있다. 모두가 성공하는 건 아니기 때문이다.

CHAPTER 6

파인애플 다시 기르기 방법

잘 드는 칼과 컵, 이쑤시개, 혼합 상토, 지름이 20~30센티미터 되는 화분, 물뿌리개가 필요하다.

1. 파인애플 윗부분의 잎을 열매 가까이에서 한 손으로 단단히 잡고, 다른 손으로는 파인애플 열매를 쥔다. ⓐ
2. 잎을 약간 비틀면서 잡아당겨 열매에서 떼어낸다.
3. 잎의 3분의 1을 벗겨서 줄기가 드러나게 한다. ⓑ
4. 잘 드는 칼로 줄기의 맨 아랫면을 1.3센티미터 정도 남기고 잘라 내, 붙어 있는 과일을 제거한다.
5. 파인애플 줄기를 물을 채운 컵에 넣는다. 이쑤시개를 이용해 파인애플 줄기가 물 위에 뜨게 해도 좋다. ⓒ

6. 줄기에서 뿌리와 새 잎이 자라게 둔다. 그 후에 화분에 옮겨 심는다. 먹을 수 있는 열매가 준비되기까지 오랜 기간 주의 깊게 잘 돌보고 키워야 한다.

재미난 사실

식물학적으로 파인애플은 사실 '장과류berries'에 속한다. 잘게 나눠서 먹는 큼직한 과일들은 작은 장과들이 뭉쳐 있는 것이다.

계속 재배하기!

파인애플 줄기에서 뿌리가 나오면 화분에 옮겨 심어라. 뿌리 부분과 줄기 아랫면의 5센티미터 정도를 흙에 묻어라. 이때 마른 잎이나 잎 부분은 잘라 낸다.

　파인애플은 식물 중앙에서부터 새 잎이 자라기 시작한다. 파인애플 윗부분을 물에서 뿌리를 내리고 흙에 옮겨 심어 키우는 데 9개월까지 걸릴 수 있다. 그리고 열매를 맺기까지는 2년 이상이 더 걸리지만 그 사이 관상 식물을 키우는 재미를 쏠쏠히 경험할 수 있다. 파인애플을 실내의 밝은 곳에 두라. 여름에 실외에 내놓으려면 그전에 하루이틀 정도 그늘지고 바람이 들지 않는 곳에 두어 식물을 튼튼하게 해주어야 한다는 사실을 잊으면 안 된다!

재배 팁

파인애플을 살 때 초록색 잎이 싱싱한지 확인하라. 잎이 마른 것은 다시 기르기에 적합하지 않다.

파인애플을 다시 기르면 언제나 이야깃거리가 많이 생길 것이다.

CHAPTER 6

더 참고할 책들

이 책들은 주변에서 쉽게 구할 수 있는, 식물 재배를 시작하는 사람들에게 도움을 주는 참고 자료이다. 다음 단계로 실외에서 더 크게 텃밭을 가꿀 계획이라면 전문적인 참고 자료가 몇 권 더 필요할 것이다. 실외 가드닝과 관련해 필자가 매우 좋아하는 몇 권의 책을 소개한다.

Beginner's Illustrated Guide to Gardening: Techniques to Help You Get Started, by Katie Elzer-Peters. Cool Springs Press, 2012.

Container Gardening Complete: Creative Projects for Growing Vegetables and Flowers in Small Spaces, by Jessica Walliser. Cool Springs Press, 2017.

DIY Projects for the Self-Sufficient Homeowner: 25 Ways to Build a Self-Reliant Lifestyle, by Betsy Matheson. Cool Springs Press, 2011.

Foodscaping: Practical and Innovative Ways to Greate an Edible Landscape, by Charlie Nardozzi. Cool Springs Press, 2015.

The Home Orchard Handbook: A Complete Guide to Growing Your Own Fruit Trees Anywhere, by Cem Akin and Leah Rottke. Cool Springs Press, 2011.

Perennial Vegetables: From Artichoke to Zuiki Taro, a Gardener's Guide to Over 100 Delicious, Easy-to-grow Edibles, by Eric Toensmeier, Chelsea Green Publications, 2007.

Practical Organic Gardening: The No-Nonsense Guide to Growing Naturally, by Mark Highland. Cool Springs Press, 2017.

Pruning, An Illustrated Guide: Foolproof Methods for Shaping and Triming Trees, Shrubs, Vines, and More, by Judy Lowe. Cool Springs Press, 2014.

Raised Bed Revolution: Build It, Fill It, Plant It ... Garden Anywhere!, by Tara Nolen. Cool Springs Press, 2016.

찾아보기

ph 25

ㄱ
가지 22
감귤류 80-83
감자 14, 39-41
강황 36-38
겨울 호박 77-79
겨자 74
겹잎 14
고구마 11, 12, 52-55
고수 74, 116
고수 잎 14, 118
고추 17, 92-94
곧은 뿌리 12
골파 13, 110-112
과실나무 씨 95-98
구근 14
근대 14
꺾꽂이용 가지(줄기) 16, 116-119
꺾꽂이용 허브 줄기 116-119
꽃 16
꽃상추 15
꽃양배추 16

ㄴ
녹두 17

ㄷ
단엽 14
당근 11, 30-32

대황 15
더 참고할 책들 124
덩이뿌리 12, 29
덩이줄기 14, 29
땅속줄기 14, 23, 29
땅콩 17

ㄹ
래디시 11, 48-50
렌틸 콩 74
로즈메리 15
리크 13, 68-71

ㅁ
마늘 59-61
마디 14
마이크로그린 74-76
멜론 89-91
묘판 22
물 25

ㅂ
바나나 17
바질 15, 116
박하 116
발아 테스트 24, 25
배수구 22
백리향 15, 116
번식 19-21
변형 줄기 57-58
병아리콩 17
봄양파 13

브로콜리 16
블랙베리 17
비트 11, 20, 42-44
빛 25
뿌리 11-12, 23, 29
뿌리줄기 14, 20, 33

ㅅ
사과 20, 21
산딸기 17
산성 25
상추 14, 104-106
생강 14, 33-35
생장점 10
샬롯 65-67
세이지 116
셀러리 14, 15, 107-109
수박 17
순 13
순무 11, 45-47
스웨덴 순무 11
시금치 15
식물
  생활 주기 17
  부분 10-11
  번식 19-21
  다시 기르기 17-18
식물 생장촉진 램프 25
식물 전초, 다시 기르기 103
식용, 재배용 26
실내 재배 25-26
실외 재배 25-26

심는 방법 23-25

싹 24, 74-76

씨

    일반 17-18, 73

    세척 86-87

    과실나무의 씨 95-98

    재배하기 25

씨 발아 테스트 24

씨 발효 86-87

씨 세척 86-87

ㅇ

아보카도 17, 25, 99-101

아티초크 16

알칼리성 25

양배추 15

양파

    (결구) 양파 14, 62-64

    골파(또는 봄양파) 13, 110-112

연장 21-23

열매 17-18

영양번식 21

오레가노 116

오렌지 17

오이 17

옥수수 17

완두콩 17

용기 22

이쑤시개 23

잎 14-15

잎꼭지 14

잎새 14

잎줄기 14, 15

ㅈ

접목 20, 21

제로 웨이스트 가드닝 5

제로 웨이스트 라이프스타일 4-5

제로 웨이스트 주방 가드닝 6-7, 9

주방 퇴비 통 27

주키니 17, 19

줄기 13-14, 23, 57-58, 103

ㅊ

참깨 74

ㅋ

카사바 나무뿌리 12

칸탈루프 17

케일 14

콜라드 15

콜라비 13

콩 17

ㅌ

토마토 17, 84-88

토양 25

퇴비 6-7, 26-27

튀김옥수수 17

ㅍ

파스닙 11

파슬리 15, 116

파인애플 14, 120-122

ㅎ

해바라기 21-23

향수박하 116

호박 77-79

화분용 영양토 22

회향 74, 113-115

감사의 말

나는 글쓰기를 아주 좋아해서 항상 글을 즐겁게 쓴다. 이 책을 선택해 주신 독자 여러분께 매우 감사한다. 재미있게 읽으시기를 바란다. 독자가 없다면 저자도 없는 법이니까….

이 책이 하나의 아이디어에서 한 권의 예쁜 책으로 탄생하기까지 많은 사람들이 나를 도와주었다. 나의 사진가 커스턴 보머Kirsten Boehmer는 솔직히 볼품없을 수도 있었을 채소 조각들을 아주 멋지게 찍어 주었다. 그가 아닌 다른 사람이었다면 이 책 작업에 참여시키고 싶지 않았을 것이다. 모든 작가에게는 편집자들이 필요한데, 나의 글에 단단한 외형을 만들어 준 앨리사 로크너Alyssa Lochner와 교열 담당자들, 가드닝학 에디터들에게 매우 감사하다는 말을 전하고 싶다. 단지 단어들에 불과했던 것에 형태를 잡아줘 독자들이 읽을 수 있게 만들어 준 아트 디렉터들 모두에게도 감사한다. 나는 글을 쓰느라 오후의 대부분을 노스캐롤라이나 주 윌밍턴에 있는 '스푼페드 앤 베이크샵Spoonfed Kitchen & Bakeshop'에서 보냈다. 그곳에서 나의 찻잔을 채워 줬고 내가 좋아하는 남성밴드그룹의 음악을 틀어 주었으며 그들의 퇴비 통에서 '다시 기르기를 위한 채소 조각들'을 기꺼이 내줬다. (이 책에 나오는 비트가 바로 킴과 매트 바로 당신들의 것이에요!) 사랑하는 내 남편의 인내와 그가 해 준 설거지와 요리, 그리고 부모님의 지지와 사랑이 없었다면 이 책은 나의 모든 작업과 마찬가지로 완성될 수 없었을 것이다.

사진 담당

커스턴 보머의 사진 외에, 사진을 담당한 분들.

Shutterstock: 10쪽 위, 10쪽 아래 사진백업, Kazakova Maryia; 11, Rima Bondarenko; 12, akiyoko; 13, Graham Corney; 15, zhekoss; 16 왼쪽, Vanitytheone; 16 오른쪽, sichkarenko.com; 17, lauraslens; 19, asadykov; 20 위, Africa Studio; 20 아래, Bosnian; 27, Gary Perkin; 32, Kymme; 36, Lotus Images; 38, Swapan Photography; 39, PosiNote; 54, tamu 1500; 55, marekuliasz; 59, JeepFoto; 61, tag2016; 62, Ishchuk Olena; 64, Rostovtsevayu; 65 아래, polaris50d; 72, Olya Detry; 74, Mariusz S. Jurgielewicz; 79, Garsya; 80, DenisNata; 89, Donald Joski; 90, Dean Stuart Jarvis; 91, tchara; 92, Anna Grigorjeva; 93, Natalial; 94, Illzira; 95, Catalin Petolea; 97 왼쪽 위, Aleksandar Grozdanovski; 97 오른쪽 위, fotocat5; 100 왼쪽, Subbotina Anna; 113 아래, Viktor1; 119, Fausta Lavagna; 120, Dmitrij Skorobogatov; 122, Norrabhudi; 123, Viktoriia Drobotova.

일러스트 by Shutterstock/Ann Doronina and Shutterstock/mart

주방에서 시작하는 가드닝
먹다 남은 채소와 과일로 실천하는 제로 웨이스트 라이프

초판 1쇄 인쇄 2021년 6월 25일
초판 1쇄 발행 2021년 6월 30일

지은이 케이티 엘저 피터스
옮긴이 박선주
펴낸이 임현석

펴낸곳   지금이책
주소   경기도 고양시 일산서구 킨텍스로 410
전화   070-8229-3755
팩스   0303-3130-3753
이메일   now_book@naver.com
블로그   blog.naver.com/now_book
인스타그램 nowbooks_pub
등록   제2015-000174호

ISBN 979-11-88554-49-2 (13520)

* 이 책의 내용을 무단 복제하는 것은 저작권법에 의해 금지되어 있습니다.
* 잘못되거나 파손된 책은 구입하신 서점에서 교환해드립니다.
* 책값은 뒤표지에 있습니다.